은퇴하고 어디서 어떻게 살까?

은퇴하고 어디서 어떻게 살까?

지속적인 삶을 위한 주거환경 CCRC

신동관 지음

이담
Books

Prologue

CCRC(Continuing Care Retirement Community)는 선진국에서 보편화되어 있는 시니어를 위한 연속성 체계 개념을 가진 복합주거단지이다. 현재 우리나라는 도입단계에 이르고 있어 극히 적은 비율로 체계적 구축을 이룬 CCRC의 사례를 찾아볼 수 있다. 선진국에서는 오랜 시간 운영체제를 갖추어오며 발전하고 있는 추세로 고령화시대에 가장 좋은 거주형태의 대안으로 진행되고 있다. 또한 많은 거주자의 높은 만족도를 통해 활발한 운영을 이루고 있다. 우리나라에 적합한 CCRC로의 변형 및 적용이 필요하며 꾸준한 관리가 요구되는 환경으로 전문가에 의한 조언과 연구가 절실하다. CCRC의 설계 참여 및 박사논문을 통해 리서치를 다루며 크게 느낀 점은, 지속적인 관찰과 연구의 흐름을 가져야 하는 것의 중요성이었다. 시니어의 거주지에 관하여 현재 그들에게 적합한 생활을 도입하기 위한 내용을 기록하도록 하였다. 연구를 위한 연구가 아닌 책임을 가지며 꾸준한 발전에 보탬이 되는 본론을 이루어야 시니어를 위한 삶을 구체적으로 살펴볼 수 있으며 미래를 위한 공간제안이 가능함을 느꼈다.

본 내용을 구축함에 있어서 중요한 관점은 현실적 접근과 실태조사의 접목이었다. 이론적 체계에 맞추어 틀에 짜여진 방법론이 아닌 문화적 흐름에 나타난 직접적인 내용들을 담아 정리하고자 하였다. 고령화의 문제점 및 미래의 노년기를 다룬 시사적인 면과 시니어의 생활에 관한 집중적인 토론에 관한 내용들을 최근 2년 이내에 공식적으로 공표한 사실적 내용을 중심으로 조사하여 정리하도록 하였다. 사용자인 거주자의 의견이 CCRC가 발전된 진행형을 이루는 데 중요한 요소로 작용한다. 이에 가장 선도하는 CCRC인 '더헤리티지'와 '삼성노블카운티'의 협조에 의하여 설문과 인터뷰가 진행되었다. CCRC의 조사범위에 관한 주요 관점을 오랫동안 운영해 온 다수의 미국 CCRC 보고서 내용을 참고하여 추출한 후 설문내용으로 재정리하였다.

CCRC는 주거생활에 필요한 기본적인 요건이 갖추어짐과 동시에 지속적인 삶이 가능한 관리 및 의료지원이 준비된 환경을 구축한 장소이다. 은퇴 이후의 자신에게 새로운 환경에 대한 기대감과 동시에 생활의 편안한 영속성을 가질 수 있는 곳이기에 연속적인 모니터링을 통해 보완과 관리가 꾸준히 이루어지는 것이 바람직하다. 따라서 이번 설문조사 내용은 필요사항으로 여기고 각 시설의 적극적인 협조에 의해 이루어졌다.

설문조사에서 '만족도'에 관한 평가 항목을 제외하고 실제 시설과의 비교관점이 아닌, 전반적으로 필요하거나 선호하는 항목을 선택하도록 하였다. 또한 현재 각 참여된 CCRC의 장단점을 바라본 설문이 아닌 전반적인 CCRC의 추구사항 중심으로 의견을 주도록 권고하였다. 거주하면서 그들이 느낀 점들과 향후 바라는 관점을 인터뷰하였으며 여러 차례 방문을 통해 거주하는 시니어의 행동과 대화를 통해 사용상의 상태를 파악하도록 하였다. 설문과 인터뷰를 통하여 향후 CCRC의 개선 및 진행을 위하여 전반적인 검토작업을 위한 기초자료로 정리할 수 있었다. 또한 거주자의 의견을 통해 여러 가지를 생각하는 계기를 가질 수 있었다. 이번 설문 및 조사는 일차적인 동향을 점검하고자 하였으며 향후 개선된 연구계획을 통해 구체적인 후차설문 및 조사를 이루도록 할 계획이다.

※ 이미지 : Miami, USA _ Bentley Village in Naples CCR

Contents

1장 시니어의 일상과 활동

- 시니어의 일상생활과 기대
- 참여활동과 여가생활
- 고령화 사회

※ 좌측 이미지
Chicago, USA _ Glen in Glenview CCRC

1장 시니어의 일상과 활동

밥은 무엇을 먹을까? 신문을 좀 볼까? 오늘 뉴스에서 무엇을 말하는가? 내일의 날씨는? 근처 공원에 나가 볼까? 손자손녀도 보고 싶은데 주말에 볼 수 있을까? 요즘 볼만한 영화가 있나? 재미있는 드라마가 어디서 하나? 이번 주는 등산 좀 다녀올까? 친구 아들 결혼식 다녀와야 하는데… 등등 이러한 일상의 노년기를 보내는 시니어들이 적지 않다. 바쁘게 사회생활을 지내다가 한순간에 한적한 시간이 주어진 것에 익숙하지 않은 상태로 은퇴를 맞이한 노년층은 무언가 안절부절못함과 적적함이 느껴진다. 가정 밖에 나가는 어떠한 일이 생기기를 바라거나 그러한 일이 만들어 지는 것에 작은 이벤트라도 생긴 것처럼 반가운 것이 어색하다. 여가시간이 충족해진 것에 그동안 못해 온 취미생활과 미루어 온 일들을 하며 제2의 인생시기를 기대하지만 실제 노년기는 무료한 시간과의 버팀이 되어가는 듯한 것이 현 실정이다.

여가라는 것은 어떠한 얽매어 있는 것으로부터 벗어나 자유로운 개인적인 시간을 말한다. 즐기거나 휴식을 취하는 등 자신의 판단하에 재충전을 위한 행복한 시간을 가지거나 즐겁게 보낼 수 있는 일과 분리된 생활을 가지는 시간이다. 취미생활, 사람들과의 어울림 같은 만남을 통하여 활력을 얻는 것, 독서 및 자기 개발을 위한 시간으로도 활용될 수 있다.

현재 많은 노년층은 자신의 주거영역에 머물러 있기보다는 넉넉한 여가시간을 충분히 활용하여 즐겁게 보내기를 갈망하고 있다. 그러나 사회적 여건은 고령화에 대비할 것을 강하게 주장하고 있지만, 활동성이 좋은 액티브 노년층이 참여할 여건이 잘 이루어져 있지 않은 편이다. 오히려 요양이 필요한 도우미 역할로 준비를 갖추어 가고 있어서 건강하게 지내는 예방책이나 활동을 가지기에 적합한 콘텐츠가 부족하다. 나이가 들면 움직임이 어렵고 무언가를 하기 힘들어하거나 귀찮아하는 대상이라는 편견보다 은퇴시점으로부터 또 다른 희망을 가지며 건강한 노후를 보낼 수 있는 것들을 고려해야 할 것이다. 이는 신체적·심리적으로 노화를 예방하고 긍정적으로 자신을 살피게 되어 편안한 노년기를 보낼 수 있다.

매일경제와 MetLife가 공동 기획한 대한민국 은퇴보고서에 따르면 결국 '시니어세대의 욕구를 정확히 파악해 맞춤형 서비스를 제공하면 한국의 시니어산업은 성장 가능성이 높다'고 언급하면서 시니어층의 욕구를 읽고 이들이 원하는 서비스를 잘 끌어내야 한다고 하였다. 실제로 2009년 한국문화관광연구원이 실시한 시니어 여가문화 활성화 방안을 위한 실태조사에 따르면 65세 이상 시니어층의 60.6%가 건강 증진을 위한 운동에 가장 많은 관심을 가진 것으로 나타났다. 종교·봉사활동(10.4%), 미술활동·예술관람 활동(5.1%), 여행·관광·나들이(2.6%) 등도 뒤를 이었다. 약 80%에 달하는 시니어세대가 활동적이고 생산적인 노후를 보내기를 바란다는 의미이다.

하지만 시니어세대의 이 같은 희망과 현실 사이에는 괴리가 있다. 같은 조사에서 주로 복지관이나 문화센터에서 대부분의 시간을 보낸다는 응답자가 93.3%에 달했다. 중복응답으로 진행된 이 질문에서 집 안에서 TV를 보거나 라디오를 청취하며 시간을 때운다는 응답자도 90.2%나 조사됐다. 반면 외부에서 시간을 보내는 경우는 고작 3.6%에 그쳤다.

그리고 경제력을 갖춘 시니어세대가 증가하면서 은퇴 후 삶을 적극적으로 즐기려는 노년층 수요도 늘고 있다. 시니어세대가 어떤 삶을 원하는지를 살펴보면 유례없이 빠른 고령화 사회를 경험하고 있는 국내의 시니어산업이 나아

가야 할 방향을 짐작해볼 수 있다.[1]

이를 참고하여 보면 계층별 노년층에 준하는 수요와 그들에게 충족될 수 있는 요구사항을 잘 반영하여 문제로 여겨지는 고령화 사회를 장점화로 문화를 형성해 나간다면, 살기 좋은 환경 인식화를 통해 미래가 보장된 사회로 성장할 수 있을 것이다.

그러면 고령화를 대비하고 미리 노년생활을 위한 방식을 꾸려온 선진국에서의 시니어들은 어떻게 살고 있을까? 우리나라와 가까운 일본부터 미국, 영국[2]을 살펴보도록 한다.

일본_ 초고령화 사회에 대비한 국가주도형 복지정책

일본 『아사히신문』(2010년 9월 19일)에 따르면 일본은 2010년 현재 65세 이상 인구가 2,944만 명으로 전체 인구의 23.1%를 차지하고 있는 세계 최고의 초고령국가이다. 일본은 이미 1989년에 고령자보건복지추진 10개년 전략(골드플랜)을 책정했고, 1994년의 신골드플랜을 수립한 바 있으며, 1995년에 고령사회대책기본법을 제정해 정책집행의 행정적인 기반을 마련해 두었다. 또한 2000년부터는 개호보험을 독일에 이어 두 번째로 시행하고 있다. 일본은 특히 평생교육제도가 잘 정착되어 있으며, 다양한 사회참여 프로그램과 생산적인 활동의 길도 다양하게 열려 있는 등 한발 앞선 기반이 갖추어져 있다.

미국_ 풍요로운 시니어세대와 체계적인 노후복지 프로그램

미국인구조사국 자료에 따르면 2009년 말 65세 이상 인구비율은 12.9%인 3,960만 명에 이르며 2050년에는 20.9%를 차지할 것으로 예상된다. 2007년 기준 시니어 인구의 약 76%가 고등학교 졸업 이상의 학력을 가지고 있으며, 빈곤선 이하의 비율이 9%에 불과하며 고소득층이 약 29%에 달하고 있다. 개인도 풍요롭지만 중앙정부와 주정부, 대학, 전국시니어위원회, 은퇴자협회, 지역사회의 복지제도, 교육, 취업프로그램 등이 매우 유기적으로 작동하고 있다. 시니어복지법, 연령차별금지법, 직업훈련협력법, 인력투자법 등의 법률적 뒷받침과 401k로 알려진 안정적인 연금지급프로그램 그리고 시니어고용프로그램 등에 힘입어 미국의 서드에이지는 사회적으로나 재정적으로 매우 안정적인 상태이며 여가, 봉사활동, 자기계발 등 다양한 활동을 보여 주고 있다. 아직 초고령화 사회로 접어들지 않았지만 미국의 체계적이고 다양한 노후복지프로그램과 여유 있는 노년층의 모습은 많은 국가의 부러움을 사고 있다.

위의 내용은 물론 장점화되어 계획적인 노후를 위한 복지시스템이 적용된
주생활을 정리한 것이다. 우리 사회의 문제점 및 단점으로 여겨지는 여타의
논의점을 배제하고 향후 긍정적으로 검토해 볼 선진사례의 현재 모습을 추
려 본 내용이다.

여기서 주목할 공통점은 노화예방 및 가치 있는 노년생활에 대한 체계적인
프로그램을 제시하고 있다는 점이다. 이는 시니어의 사회 · 활동참여 유도, 자
기계발 등을 돕는다.

다른 사례 중 일본의 도심형 '잇큐안' 요양시설[3]이 성공한 주요점을 살펴
보면,

- 주택가 중심에 위치해 '격리시설' 이미지 바꿔

- 레스토랑 · 미용실 운영으로 방문객 늘려

- 요리교실 · 콘서트 등으로 젊은 층 공략

- 가족과 사는 시니어도 낮 시간 시설 이용 가능

- 입주자가 원래 살던 동네에서 노년을 보낼 수 있음

미래형 요양시설의 커뮤니티 연계를 고려한 결과 동네사람들이 북적대며

활발히 사용되는 장소로 활용가치를 높인 것이다. 주택가에 위치하여 세대 공감을 이끈 교류 프로그램으로 자연스러운 접촉이 가능한 방향 제시가 있었기에 가능한 것이다.

여가라는 것은 어떠한
얽매어 있는 것으로부터
벗어나 자유로운
개인적인 시간을 말한다.

즐기거나 휴식을 취하는 등
자신의 판단하에 재충전을 위한
행복함을 가지거나 즐겁게
보낼 수 있는 일과 분리된 생활을
가지는 시간이다.

'나'보다 '우리'의 어울림을 중시하는
한국 문화의 장점을 살려 경험과 지혜를
활용해 남을 이롭게 하는 것이 나이 들어
진정한 가치 있게 사는 것.

■ 시니어의 일상생활과 기대

시니어의 일상을 이해하고 앞으로 그들의 활동을 예측하기 위해 65세가 넘어가며 시작되는 노년기를 크게 구분하여 "어떤 생활로 설계할 수 있을까?"를 그려 볼 수 있다. 다시 말하면 은퇴설계를 미리 예측하여 보는 것이다. 노년기를 크게 네 분류[4]로 보면 다음과 같다.

● 첫 번째_ 활동기
은퇴 이후부터 활력이 줄어들기 시작하는 70대 중반까지를 '활동기'
활동기에는 그동안 일하느라 미뤄왔던 국내외 여행이나 골프, 취미 활동 등을 활발하게 하게 된다. 일생의 노동에 대한 보상을 받기 위해 맘껏 은퇴생활을 즐기는 것이다. 따라서 은퇴생활 중에서 가장 많은 비용을 지출하게 되며, 은퇴 후 자신의 건강 상태에 따라 10년 이상 이런 시기가 지속된다.
활동기는 은퇴생활에서 가장 중요한 시기이다. 활동기를 잘 지내야 노후생활을 멋있게 보낼 수 있다.

● 두 번째_ 회고기
70대 중반부터 찾아오는 시기로 이를 '회고기'
이 시기에는 대개 자신의 인생을 돌아보며 가족이나 친구가 있는 근처에 주거를 정하거나 기온이 온화한 곳이나 생활비가 적게 드는 곳으로 이사하기도 한다. 여전히 건강은 좋지만 활동이 줄어들기 때문에 은퇴기간 중 생활비가 가장 적게 든다.
회고기는 아직 건강은 여전히 좋은 상태지만 활동기 때와 달리 서서히 행동이 느려지면서 인생을 회고하는 단계이다.

● 세 번째_ 간병기
은퇴생활 마지막 단계인 70대 후반이나 80대 초반부터 시작되는 '간병기'
간병기에는 상당수의 시니어들이 거동이 불편해지거나 뇌졸중이나 치매와 같은 시니어성 질환에 걸려 다른 사람의 간호를 필요로 하게 된다.

● 네 번째_ 홀로 생존기

부부가 생활하던 집에서 외로운 삶

부부가 쓰던 노후 생활비의 60% 이상의 비용을 사용하게 된다.

과거처럼 자녀 집에 들어가서 수발을 받기 어렵다는 점을 감안한 대비책이 절실하다.

결국 위의 4가지 생활상을 이해하고 본격적인 고령화 시대를 맞이해서 많은 지식을 바탕으로 냉철한 은퇴설계를 해야 한다. 자신이 원하는 삶을 살다가 만족하면서 생을 마감할 수 있도록 종합계획을 세워야 한다.

행복한 은퇴설계란 위와 같이 재무적인 준비와 비재무적인 준비를 균형되게 하는 것을 말한다. 노년기에 변화되며 자신에게 일어나는 여러 현상들에 미리 대비하고 그에 맞는 인생계획을 그려 균형 있는 시간을 가지도록 준비하는 마음가짐이 우선 필요하다. 후회없는 인생을 살 수 있도록 좀 더 은퇴생활에 대한 이해를 넓히고, 나아가 인생계획(life planning)에 대한 큰 그림을 잘 그리도록 노력해야 한다.

'나'보다 '우리'의 어울림을 중시하는 한국 문화의 장점을 살려 경험과 지혜를 활용해 남을 이롭게 하는 것이, 나이 들어 진정한 가치 있게 사는 것을 '한국인의 불안한 노년' 연구자 전혜성 박사가 강조하며, "현재 우리의 시니어 인구는 선진국형으로 바뀌어 가면서 사회·문화적 접근이 필요한데도, 지금까지의 노년연구가 '생물학적 장수'에 치우쳤다는 문제의식이다"[5]라고 지적했다. 더불어 "한국의 고학력 노년인구가 체면 잃지 않으면서 사회에 봉사할 수 있는 시스템이 절실하다"고 했으며 이는 "마음의 건강한 장수에 영향을 주며 존경받는 엘더(elder)로서 자신을 바라보는 시각도 중요하다"고 하였다. 건강하고 행복한 풍요로운 노년기를 잘 보낼 수 있는 방향 중 남을 이해하고 자신의 경험과 지식을 나누고 배려하는 행동에서 더 좋은 여생을 가지지 않을까 한다.

100세까지 보낼 여가시간

약

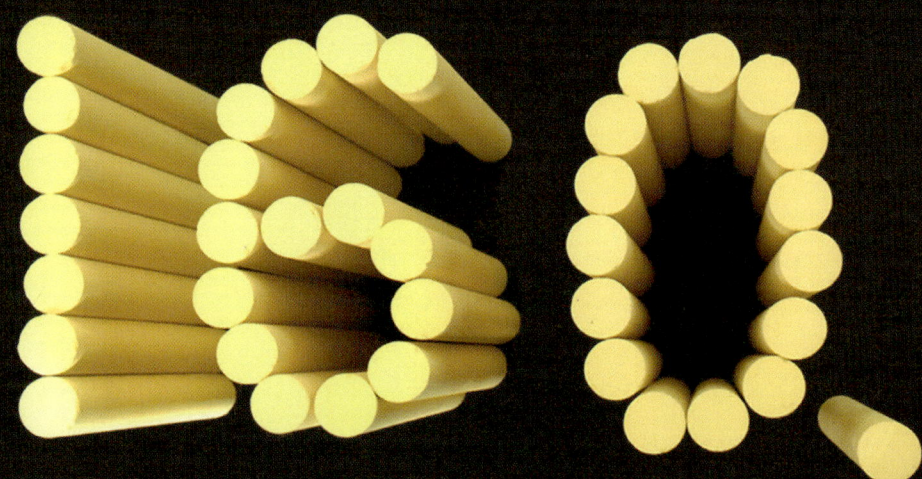

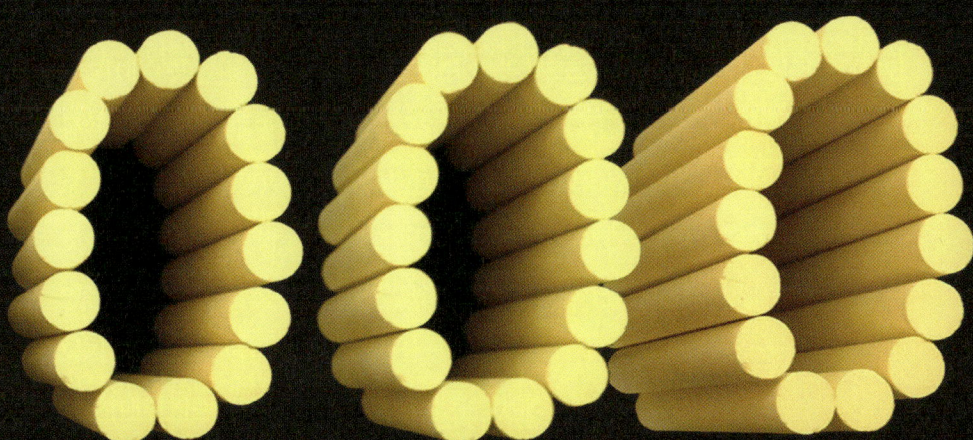

hours

■ 참여활동과 여가생활

무조건적인 복지를 위한 방법론보다 여가를 위한 시니어 스스로에게 맞는 활동을 찾도록 참여 가능한 제안을 하는 것이 본서의 주요 목적 중 하나이다. 주어진 틀에 짜 맞추어진 복지프로그램 중 무엇을 고를까 하는 것보다 준비된 양념으로 내 입맛에 맞춰 요리하도록 준비를 갖추고 적절히 변형하며 시니어에게 가장 최적의 활동으로 갖추어 가는 형태를 지향한다. 활동 자체가 노화의 진행을 늦추며 문제점을 완화하는 예방차원에서 고려되는 것이 우선이라고 여겨진다.

시니어들의 사회에 한 일원으로서 참여를 가지게 하는 것이 무척 중요하다. 나이가 들어감에 따라 자신의 역할이 더욱 명확해지며 할 수 있는 무언가가 있어 자신의 생존 가치를 느끼는 보람과 자존감을 가질 수 있기 때문이다. 이는 고령화 사회의 만병통치약 같은 역할보다 잘 엮인 톱니바퀴의 흐름이 이루도록 하는 원동력이 될 수 있다. 100세 시대 '길어진 노년'에 대한 세미나[6]에서 한국보건사회연구원 이소정 박사는 "고령자 인적자원의 사회적 활용을 고려한 사회적 측면은 물론 시니어 삶의 만족도를 높이기 위한 개인적 측면에서도 고령자의 사회참여가 중요하다"고 하였다. 또한 시니어의 사회참여 기회창출이 중요함을 언급함과 동시에 '자아실현'의 기회로 바꿀 필요가 있다고 강조하며 고령자 사회참여를 보장하기 위해 시니어 1인 1여가 활성화 프로그램 도입 등을 제안하였다. 1인 여가활동은 앞서 언급한 내용과 유사하다. 시니어 개개인의 습성과 살아 온 과정에서 다르게 배인 특성으로 인하여, 틀에 짜여 주어진 프로그램보다는 스스로 즐거움을 가질 수 있는 변형 가능한 프로그램을 제안하는 방식으로 맞춤식의 어울림을 유도하는 프로그램 설정이 필요하며 이를 위하여는 단순히 프로그램 선정역할의 관리직이 아닌 현재 문화에 맞는 신시니어 중심의 특성을 파악할 수 있는 트렌드를 파악하는 전문가의 조언이 절실하다.

한국보건사회연구원이 2008년 8월~2009년 1월 60세 이상 시니어 1만 5000여 명을 대상으로 '시니어실태조사'를 한 결과, 60세 이상 인구 다섯 명 중 세 명(55.7%)이 "여가 및 사회활동에 만족하지 않는다"고 답했다. 나이가 많을수록, 소득·교육 수준이 낮을수록, 함께 사는 가족이 적을수록 만족도가 떨어졌다. 응답자들이 '최근 1년간 가장 즐거웠던 여가활동'으로 꼽은 것도 가족과 보낸시간(52.3%), 친지와 회식(18.5%), TV 시청·독서·책읽기 등 (10.5%)이었다. 대부분 혼자서 돈 안 쓰고 할 수 있는 단조롭고 소극적인 소일거리에 그쳤다는 얘기다. 영남대 이재모 교수(지역·복지행정학)는 "한마디로 '100세 시대'를 채워갈 콘텐츠가 없다는 뜻"이라면서 "건강과 돈 못지않게 노년의 행복을 좌우하는 것이 '역할'인 만큼 시니어들이 활동적인 여가생활을 할 수 있도록 유도하는 것이 국가 전체에 득이 된다"고 했다.

100세까지 보낼 여가시간이 약 16만 시간이라는 통계적 수치[7]가 나왔다. 이는 60세 은퇴 기준으로 나타난 것이다. 그리고 이렇게 여가시간의 늘어남에 따라 노년기의 여가를 심리·신체적 특성이 반영된 스포츠·교육 프로그램 사회가 개발해 보급해야 한다고 하였다. 단순히 일반인의 운동방식에 따른 것이 아닌 대상자에 따라 개발의 필요성을 나타내고 있다.

우리보다 먼저 고령화를 경험한 이웃 일본은 1982년에 이미 정부 차원에서 시니어스포츠 개발사업에 들어갔다. 정부가 시니어들이 즐길 수 있는 놀이를 적극적으로 개발한 결과, 2000년에 이미 60세 이상 시니어의 59.0%, 70세 이상 시니어의 51.6%가 매주 1회 이상 옥외체육활동에 참여하는 것으로 나타났다.[8] 단순히 선진사례의 외형적인 갖춤과 나열된 서류적인 구성 도입이 아닌, 몇십 년부터 이루어져 시행하는 고령화에 따른 선진국의 여러 콘텐츠를 어떤 목적과 근거로 생성했으며 얼마나 활용도가 좋은지를 판단하여 장점화를 개발하는 벤치마킹으로 활용해야 할 것이다. 더불어 향후 사회를 예측하며 국내 실정에 맞는 참여를 위한 콘텐츠가 이루어져야 한다.

시니어들을 아무것도 몰라 무엇을 해야 할지 판단이 불가한 성장기 아이와 비슷하게 보는 경향이 있다. 큰 오류이다. 노화로 인지가 느리고 기억력 감퇴로 답답해하고 청각 및 시력이 나빠지며 도움을 요청하는 생리적 둔화현상을 마치 아이 보듯 어르고 대우하는 처신이 이루어지는 경우를 종종 볼 수 있다. 은퇴하는 시점으로부터 더욱 자기성찰이 이루어지고 삶에 대한 자신의 가치를 판단하는 시기로 더욱 주체성이 강한 시기이다. 오랜 시간 다듬어진 특성을 가진 시기이기 때문에 명확한 자기 목소리를 가진 세대이다. 오히려 더 적극적인 삶을 위한 방법을 모색하고자 하기 때문에 자기가치에 충족된 삶을 살아가기 위해서는 나름대로의 계획(planning)을 세우고, 이를 달성하기 위한 구체적인 방안을 설정하며(organizing), 세세한 운영방안(leading)을 갖고, 스스로 통제하거나 제어(controlling)하는 삶으로, 나이가 들어서도 스스로 개선점을 찾아 만족스러운 삶[9]을 영위하고자 한다.

2010년 통계청에 의하면 65세 이상 시니어들이 겪고 있는 어려운 점으로는 '경제적인 어려움(41.4%)'과 '건강문제(40.3%)'가 두드러졌다. '소일거리가 없음'이 5.7%로 세 번째를 차지했으며, 네 번째는 '외로움 또는 소외감(4.4%)'으로 나타났다. 독거시니어의 경우 '외로움 또는 소외감'이 9.5%로 '소일거리가 없음'보다 크게 웃돌았다. 무엇이 우리에게 필요한 것인지 고려해야 한다. 고령화는 지금 당장 시니어들에게만 주어지는 현상이 아니다. 누구나 나이가 들면 시니어가 되는 시기가 온다. 문제만 운운하고 결국 자신이 노년기에 접했을 때도 같은 방식으로 TV 앞에 앉아 시간을 보내고 있을 것인 지 진지하게 생각해 보아야 한다. 노후에 어떻게 살겠다는 생각의 노년설계 (Planning)에 따라, 노년을 살아가는 방법은 더욱더 차이가 날 것이다. 노후 생활의 만족도 달라질 것이다. 자기가 생각해왔던 삶, 꿈꾸었던 삶을 이어갈 수 있도록 구체적인 설계를 갖고 있다면, 은퇴 이후 10년, 20년은 자기 만족 도가 높은 삶으로 운영[10]할 수 있을 것이다. 다가올 고령화는 꺼져 가는 불씨 같은 회색화가 아니다. 철학이 이루어지는 주체성 강한 사회 경력자들의 활 동무대이다. 작게나마 스스로의 움직임으로 현재 세대의 어울림이 이루어지 고 있다. 그들에게 더 나은 여가활동의 사회성 부여는 현 젊은 세대들에게 미 래를 보여 주는 것이다.

기대수명

2010년 78.8세 → 2020년 80.7세 →

2030년 83.1세

542만 5000명

전체 인구의 **11.3%**

(2011. 11. 1 기준)

■ 고령화 시대

최근 100세 시대를 바라보며 노년기를 맞이한 인구비율의 급증에 따른 보도가 잇따르고 있다. 이에 필요한 정책 중 복지정책이 우선적으로 실행되어 가고 있으며 현시점이 노년시기를 위한 적절한 대응책을 위한 중요한 시기로 여겨진다.

고령화 진행속도는 보도된 예측수위보다 빠르게 진행되고 있다. 2011년 5월 31일 보도된 내용[11]을 살펴보면, 통계청 인구 총 조사에 의해 분석된 결과 고령화 속도는 예상보다 빠름을 나타내며 시 · 군 · 구 3곳 중 1곳, '시니어 20% 넘는 초고령화 사회'가 됐음을 알렸다.

"정부는 2005년 인구조사 결과를 바탕으로 2010년 시니어인구를 535만 7000명으로 추정했지만, 실제 결과는 예상보다 6만 8000명이 더 늘었다. 고령화 속도가 예상보다 빠르게 진행됨에 따라 복지정책을 비롯한 고령화 대책 전반에 대한 손길이 불가피해졌다." 이와 같이 추정된 고령화가 예상보다 급진적으로 진행됨을 알 수 있다.

"통계청은 우리나라 총 인구가 2011년 11월 1일 기준으로 4858만 명으로 집계됐다고 밝혔다. 내국인 인구(4799만 1000명) 중 65세 이상 시니어인구는 542만 5000명으로 전체 인구의 11.3%를 차지"를 통해 알 수 있듯이 전국이 고령화 사회로 진입되어 가고 있다. 또한 "우리나라는 전 세계에서 고령화 속도가 가장 빠른 나라 중 하나다. 2018년으로 예상된 고령사회 진입시기가 당겨질 가능성이 커졌다"로 고령화 사회가 앞당겨 다가오고 있음을 암시하고 있다. "저출산이 만성화되면서 고령사회로 가는 속도가 예상보다 빨라지고 있다"며 "2055년이면 10명중 4명이 시니어인구가 될 것"으로 예측되고 있다. 그리고 2012년 9월 6일 보도된 자료[12]에 의하면 27년 뒤인 2039년에 서울 기준으로 청장년(15~64세) 2명이 시니어 1명을 부양해야 하는 시니어의 증가를 나타냈다.

또한, 2011년 기준 만 40세(1971년생)를 대상으로 기대수명을 예측한 결과 94세 이상 사는 것으로 예측[13]되었다. 오른쪽 그래프를 살펴보면 기대수명 예측변화를 검토하여 볼 수 있다.

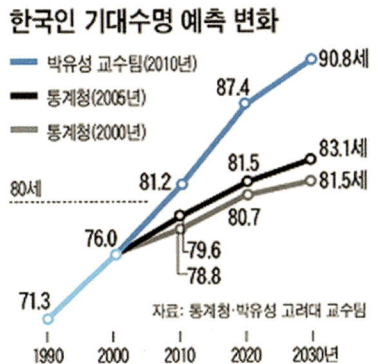

한국인 기대수명 예측 변화
— 박유성 교수팀(2010년)
— 통계청(2005년)
— 통계청(2000년)

90.8세
87.4
83.1세
81.5
81.5세
80세 ----- 81.2
80.7
76.0
79.6
78.8
71.3

자료: 통계청·박유성 고려대 교수팀

1990   2000   2010   2020   2030년

info.

기대수명(壽命) :
그 해 태어난 0세아가 평균적으로 생존할 것으로 예상되는 기간. 병이나 사고로 일찍 요절하는 사람까지 포함한 평균값이기 때문에, 무사히 어른이 되는 사람의 기대수명은 이보다 훨씬 길다.

기대수명은 통계청 예측보다 훨씬 빠른 속도로 연장돼 왔다. 지난 2000년 통계청은 "기대수명이 '2010년 78.8세 → 2020년 80.7세 → 2030년 83.1세'로 수정했다. 2020년에야 돌파한다던 '80세의 벽'을 이미 2008년에 뛰어넘은 것이다." 더불어 "박유성 교수팀의 신(新)기대수명 계산에 따르면, 현재 살아있는 1971년생 남성은 절반(47.3%)이 94세를, 여성은 절반(48.9%)이 96세를 넘기는 것으로 나타났다. 또한 삼성경제연구소가 시뮬레이션을 통해 본 2050년 치매환자는 '200만 명을 넘어설 수 있다'고 내다보고 있다."

이러한 현상으로 미루어 보아 고령화 사회에 대한 대비책으로 문제점 및 발전적인 양극적 현상을 짚어 준비를 갖추어야 한다.

우선, 재앙으로 보여 지는 현상 중 가장 우려되는 것은 치매환자의 증가와 재정적 측면으로 나타났다.

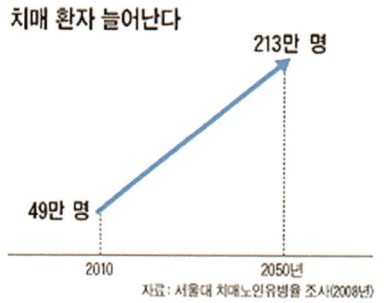

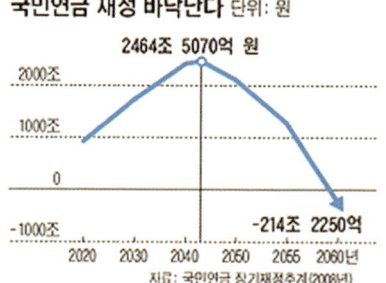

다음으로 축복으로 여겨지는 측면은 한국인의 20세 이후 하락으로부터 연령별 행복도가 상승추세와 시스템의 편리함 및 의료시설 등의 완비로 인한 시니어가 살기 편한 구축이 이루어지는 것으로 나타났다.

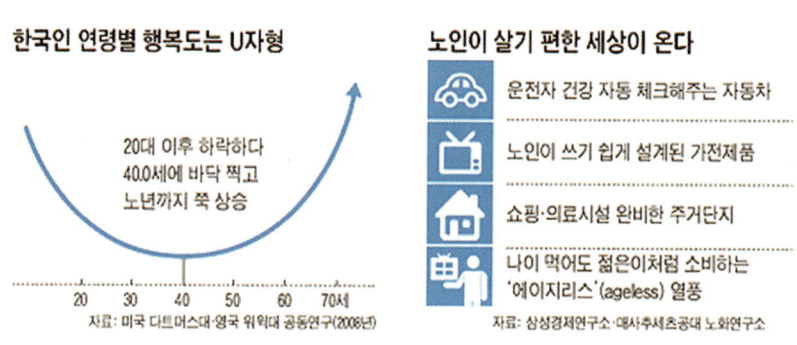

info.

유니버설디자인 :
연령이나 능력에 관계없이 모든
사람들이 최대한 사용하기 쉽게
만들어진 제품이나 환경에 대한
디자인

시니어들이 살기 좋은 환경을 구축하는 긍정적인 측면을 부각하려면 실제적으로 콘텐츠의 체계성 바탕하에 가능하다. 진보된 기술력과 더불어 유니버설디자인[14] 적용을 비롯한 편리한 디자인 적용이 반드시 반영되어야 한다. 중요한 것은 삶을 유지하는 생활환경에서는 제품화의 사용목적보다는 시니어들의 움직임을 이끌어내는 활동 동선이 이루어지는 콘텐츠가 반영된 환경구축이 절실해진다. 재앙이라고 비추어지는 노년기에 부딪히는 생물학적인 쇠퇴에 따른 치매의 급증은 치료보다는 미리 예방하는 방법을 적용하는 방안을 강

은퇴하고 어디서 어떻게 살까?

구하여야 한다. 본서에서는 이러한 방법에 대응하는 의료학적 측면에서 주장하는 예방법이 디자인적으로 받쳐져 이루어져야 함을 강조하고 싶다. 이 부분에 관련하여 3장의 여가활동과 더불어 보충하여 설명되어진다.

그렇다면 고령화의 기준을 어떻게 정의할 수 있을까?

2012년 6월 보건복지부에 의한 조사 내용[15]에 따르면, 시니어 10명 중 8명은 70세가 넘어야 시니어로 생각하는 것으로 나타났다. 또한 시니어의 연령기준에 대해서는 83.7%가 '70세 이상'으로 생각했는데, 이는 1994년(30.1%), 2004년(55.8%)에 비해 급증한 수준이다. 통상적으로 정의되는 65세는 더 이상 시니어의 연령기준으로 받아들여지지 않는 셈이다. 이는 한국보건사회연구원에 의뢰, 전국 만 65세 이상 시니어 1만 1542명을 대상으로 실시한 '2011년도 시니어실태조사' 결과로 2012년 6월 21일에 발표한 내용이다.

이러한 내용에 의하면 시니어인식에 변화가 필요하다고 보여 진다. 생물학적인 나이에 근거하기보다는 활동력이 가능한 신체적 접근에 따른 노화현상의 기준으로 시니어를 바라봐야 할 것으로 여겨진다. 법적으로 시니어복지에 준하는 대상의 연령대 기준과는 차별화된 관점으로 고령화 사회에 적절한 대응책을 마련하는 것이 바람직하다.

고령화에 따른 시니어를 지칭하는 언어 사용에도 교정이 필요할 것으로 보여 진다. '시니어'라는 사전적 의미가 '나이가 들어 늙은 사람'을 지칭하는 것으로 노년기를 접하는 많은 사람들에게서 거부감이 드는 명칭으로 나타났다. 교보생명과 시니어산업 컨설팅업체인 '시니어파트너즈'가 최근 40~69세 남녀 1000명을 대상으로 조사한 결과,[16] 선호하는 호칭은 응답자의 절반이 넘는 56.4%가 '시니어'(Senior)를 꼽았고 '실버'(Silver)가 22.1%, '액티브 시니어'(Active Senior) 13.4%, '고령자' 5.7%, '노인' 2.3% 순이었다. 예비시니어에 해당하는 장노년층의 절반 이상이 '실버'보다는 '시니어'라는 호칭을 선호하는 것으로 집계 · 보도되었다. 따라서 본서에서는 존칭되는 사회경력자의 의미를 내포할 수 있는 '어르신'의 의미인 '시니어(senior)'로 지칭되는 것으로 기록하도록 한다.

은퇴하고 어디서 어떻게 살까?

NOTES

1. 매일경제, 「한국 실버산업은 아직도 걸음마」, 2011.08.25.

2. 홍사황, 『3억으로 돈 걱정 없는 노후 30년』, 위즈덤하우스, pp.85-90, 2011.

3. 조선일보, 「71년생(올해만 40세) 돼지띠 남성들 절반이 94세 이상 산다」, 2011. 01.03.

4. 조선일보, 「[행복한 은퇴설계] 우리에게 적합한 은퇴설계란」, 2011.03.14.

5. 조선일보, 「"어떡하면 가치 있게 나이 드느냐고요?"」, 2010.09.08.

6. 한국경제, 「100세 시대 '길어진 노년' 대비하려면」, 2011.12.08.

7. 조선일보, 「[100세 쇼크 축복인가 재앙인가] '16만 시간(60세 은퇴 후 100세까지 여가시간)'을 TV만 봐선 행복할 수 없다」, 2011.01.21.

8. 조선일보, 「[100세 쇼크 축복인가 재앙인가] '16만 시간(60세 은퇴 후 100세까지 여가시간)'을 TV만 봐선 행복할 수 없다」, 2011.01.21.

9. 조선일보, 「노후 생활 포트폴리오(1) 적극적인 삶의 방법」, 2011.01.05.

10. 시사서울, 「노인 위한 나라 없다지만… "한국의 노인, 빈곤 벗어나는 유일한 방법은 죽음?"」, 2011.05.06.

11. 조선일보, 「시·군·구 3곳 중 1곳, 노인 20% 넘는 초고령화사회 됐다」, 2011.05.31.

12. 조선일보, 「[서울] 27년 뒤 서울, 청장년(15~64세) 2명이 노인 1명 부양해야」, 2012.09.06.

13. 조선일보, 「71년생(올해만 40세) 돼지띠 남성들 절반이 94세 이상 산다」, 2011. 01.03.

14. NC State University, The Center for Universal Design. *The Universal Design File: Designing for People of All Ages and Abilities*, 1998.

15. 한국경제, 「노인 10명 중 8명 "70세 넘어야 노인"」, 2012.06.21.

16. 노년시대신문, 「예비노년층, '노인'보다 '시니어' 선호」, 2011.06.10.

2장 시니어를 위한 여러 가지 복지프로그램 살펴보기

※ 좌측 이미지
Chicago, USA _ Glen in Glenview CCRC

2장 시니어를 위한 여러 가지 복지프로그램 살펴보기

본 장에서는 시니어가 참여 가능한 범주는 어떠한 것들이 있으며 한국 시니어에 맞춘 영역을 검토하는 목적성을 가진다. 또한 시니어에게 맞는 활동 항목들을 살펴보고 서울시를 중심으로 시니어를 위한 공동체 교류 중심의 여가시간을 보낼 수 있는 복지 프로그램에 대한 조사를 이루고자 한다. 이를 위하여 영리를 목적으로 하는 사업화를 배제하고 비영리 목적의 서울시 및 각 관할 구에서 운영 및 관리 또는 주관하는 시니어복지센터를 중심으로 그 한정성을 가지도록 한다. 최근 현황을 파악하기 위하여 2012년 9월 중심으로 조사 및 수집을 하였다.

시니어의 특성을 고려하여 서울시에서 마련한 다양한 프로그램들은 어떤 것들이 이루어져 있으며 어떤 활동을 중심으로 구축되어 있는지 살펴보는 것은 시니어 활동 실태조사에 중요한 역할을 할 수 있다. 시니어에게 필요한 콘텐츠들을 살펴보는 것은 복지적인 혜택을 바라보는 것 이외에 그들을 움직이게 하는 요소들을 검토하는 것에 더 큰 의미가 있다.

[표 1]
시니어복지시설 커뮤니티
프로그램 - 강남구

시설명	사업내용	프로그램
강남 시니어 종합 복지관	상담사업	회원관리 / 신입회원관리 전문상담 - 법률상담, 세무상담, 청력상담, 심리상담, 치매예방조기검진 및 예방상담, 영양상담, 재활전문상담, 홍채상담
	사회교육사업	교양교육 / 건강증진 / 취미여가 / 서예 / 동아리 / 월례행사 / 특별행사
	시니어정보화 교육사업	기본과정 - 컴퓨터첫걸음, 인터넷초급 고급과정 - 한글문서, 인터넷활용, 사진편집포토샵, 엑셀, 무비메이커, 자격증취득반
	홍보사업	공중매체홍보 / 지역매체홍보 / 전문매체홍보 / 소식지 제작 / 홍보물 배포 / 홈페이지 관리
	자원봉사활동 육성사업	자원봉사자 모집관리 / 자원봉사 교육 / 인정과 보상 / 청소년 자원봉사학교 / 대학사회봉사
	건강관리지원사업 & 재활사업	건강관리지원사업 - Out-reach 방문간호 재활사업 - Out-reach 방문 물리치료
	경로당운영 혁신사업	경로당통합관리 / 건강지원사업 / 여가지원사업 / 생활지원사업 / 절기행사 / 자원관리 / 경로당화합프로그램 / 지역사회 교류사업 / 모니터링
	재가복지사업	사례관리사업 / 모니터링사업 / 일상생활지원서비스 / 특별행사 / 지역사회자원연계 / 강남디딤돌
	시니어일자리 사업	공익형 - 급식지도사파견사업 / 경로당도우미파견사업 교육형 - 시니어강사파견사업
	지역복지협력 및 복리후생	지역복지협력사업 - 조사연구 / 교육훈련 / 운영위원회 / 시설대관 / 지역연합축제 복리후생사업 - 경로식당, 무료경로식당, 이미용서비스, 도서관(사람과 나무)
	특화사업	행복노래(老來)프로젝트 - 강남시니터칼리지 / 강남시니어 러브스쿨 행복서포터즈 - IT봉사팀 / 행정봉사팀 / 기자팀 / 세대교류 봉사팀 / 합창, 무용, 오카리나, 하모니카 공연팀 행복이음 아웃리치(out-reach) - 민관기관 네트워크사업 / 보건사업 / 복지사업 / 사례관리 / 조사연구
	데이케어센터	케이스 매니지먼트 사업 / 건강관리 지원사업 / 복리후생지원 사업 / 인지 및 기능회복 / 정서지지 사업 / 특별행사 사업 / 가족지원 사업 / 역량강화 사업
	강남시니어센터	케이스 매니지먼트 사업 / 인지 및 기능회복 / 정서지지 사업 / 특별행사 사업 / 건강관리 사업 / 복리후생 사업 / 가족지원 사업 / 역량강화 사업
	고령자취업 알선센터	상담 및 취업알선 / 사후관리 / 교육사업 / 연계사업 / 홍보사업 / 욕구 및 만족도 조사 / 모니터링
강남 시니어 플라자	상담사업	일반상담 - 이용상담, 초기생활상담 전문상담 - 의료상담, 법률상담, 재무상담, 가족상담, 심리상담 통합사례관리

info.

강남시니어종합복지관
http://www.gnsenior.org

강남시니어프라자
http://www.seniorplaza.or.kr

은퇴하고 어디서 어떻게 살까?

시설명	사업내용	프로그램
강남 시니어 플라자	가정봉사원 파견사업	상담사업 - 정기 전화, 내방, 방문 상담을 통한 어르신 사례관리(일상생활지원서비스 및 회원상담 연계) 생활지원사업 - 가정봉사원파견, 1:1 결연후원, 일상생활물품지급, 의료서비스 등 식생활지원사업 - 무료급식, 밑반찬 배달, 건강영양식품제공, 김장지원, 사랑의 장바구니 등
	사회교육사업	사회교육사업 프로그램 - 취미여가 / 건강증진 / 음악(노래) / 음악(악기) / YBM어학원과 함께하는 어학 / 미술 / IT / 인문학 / 특별강좌 동아리 형성 및 활동 지원 / 전문가 자격증 교육
	복리후생사업	HAPI 레스토랑(경로식당) / 카페 마로니에 / 아이나라 Kids Room / 개인비서실 / 개인사물함 / 그 외 편의시설(개인사물함, 도서열람, 휴게실 등)
	기능회복사업	물리치료 / 건강 up! 안마서비스 / 전문의와 함께하는 건강상담 / 한의사와 함께하는 한방진료
	자원봉사활동 육성사업	자원봉사활동 육성사업
	복지협동사업	홍보사업 / 후원사업 / 지역사회 네트워크 / 운영,자문위원회 / 실습지도
	시니어일자리 사업	공익형 - 급식지도사파견사업 복지형 - 일상생활해결지원단(노노케어) 교육형 - 1.3세대 강사파견(동화구연) / 시니어기자단시장형 - 시니어카페(마로니에)
	경로당 활성화사업	취미여가 프로그램 및 서비스
	특화사업	인문학 강좌 / 노후생활 설계 강좌 / 명의명강 / 전문상담서비스 / 가족통합프로그램 / 모바일방송국 / 시니어 방송국 / 일상생활해결전화 / 개인비서서비스 / HAPI Restaurant / 카페마로니에 / 아트갤러리
대치 시니어 복지센터	상담사업	신규회원초기상담 / 신규회원오리엔테이션 / 이용상담 / 전문상담 / 복지정보제공 / 이용모니터링
	재가복지사업	사례관리(초기상담, 방문상담, 일반상담, 사례회의) 재가복지서비스(결연후원금/품 지원, 김장지원, 난방비지원 등)
	사회교육사업	교양증진프로그램 / 취미여가프로그램 / 건강증진프로그램 / 대치아카데미 / 특별행사
	자원봉사육성 지원사업	자원봉사자 모집, 교육, 활동, 관리 / 청소년, 기업(단체), 어르신 자원봉사활동
	지역복지 협동사업	후원자개발 및 관리 / 조사연구 / 운영위원회 / 직원교육 / 사회복지현장실습지도 / 홍보
	복리후생사업	경로식당 운영
	기능회복사업	물리치료서비스 / 집단프로그램 / 건강진료 / 건강관리

info.

대치시니어복지센터
http://www.gndcsenior.org

시설명	사업내용	프로그램
대치 시니어 복지센터	시니어특화사업	Leaders Club(전문지식기부) – 다도예절 전문가 양성 및 재능기부 Leisure Club(전문재능기부) – 우리춤체조, 하모니카 재능기부
	데이케어센터	상담사업 / 복리후생사업 / 위생관리사업 / 의료사업 / 사회재활사업 / 일상생활훈련사업 / 특별행사
	시니어요양센터	상담사업 / 복리후생사업 / 위생관리사업 / 의료사업 / 사회재활사업 / 일상생활훈련사업 / 특별행사
논현 시니어 종합 복지관	평생교육 및 취미여가지원사업	교양교육 프로그램 / 건강증진 프로그램 / 취미여가 프로그램 / 정보화교육 프로그램 / 시니어리더교육
	고용 및 소득지원사업	공익형 – 서울세관 '희망기프트 사업' 교육형 – 문화교사 파견 사업단 'Fun Fun 선생님' / 시니어 생애채험교사 파견 사업단 '지니선생님' / 보육교사도우미 파견사업단 '모모선생님' 복지형 – 거동불편시니어돌봄 '해피투게더'
	건강생활 증진사업	기능회복사업 – 건강관련 종합상담, 건강사정, 물리치료, 운동치료 및 체력단련 건강관리사업 – 원격영상진료 서비스 건강증진사업 – 독거시니어지원사업 급식지원 – 밑반찬배달 / 수라방(경로식당) 운영
	정서생활 지원사업	상담사업 – 초기이용상담 / 생활상담 / 전문상담
	사회참여 지원사업	강남논현남성합창단 봄날을 찾아서, 논골블루스, 웰컴투라반골 찾아가는 시니어star
	경로당 활성화사업	여가지원 / 교육지원 / 건강지원 / 생활지원 / 특별행사 / 조직강화
	가족기능 및 통합지원사업	가족기능지원 – 가정봉사원파견사업 가족통합지원 – 세대통합프로그램, 가족상담, 가족관계프로그램 등
	지역사회개발	자원봉사자 양성 및 후원자(처) 개발 / 복지네트워크 구축 / 주민복지 증진 / 사회복지 운영위원회 운영
	시니어복지관 조직사업	홍보, 출판, 조사연구
	시니어요양센터	건강관리 프로그램 / 신체활동 프로그램 / 취미여가 프로그램 / 특별 프로그램 / 가족지원 프로그램 / 일상생활 서비스 / 기능회복 서비스
	데이케어센터	상담서비스 / 일상생활지원서비스 / 정서지원서비스 / 여가지원서비스 / 특별활동지원서비스
압구정 시니어 복지 센터	상담사업	초기이용상담 / 집단상담 / 신입생 오리엔테이션
	사회교육사업	교양교육 / 취미여가 / 건강증진 / 동아리 / 월례행사

info.

논현시니어종합복지관
http://www.nongolsenior.org

은퇴하고 어디서 어떻게 살까?

시설명	사업내용	프로그램
압구정 시니어 복지 센터	시니어일자리 사업	어르신 중심의 "정동놀이문화 알림이" / 국제결혼여성 친정 부모되기 사업 / 다사랑 시니어(Take-out) 카페 / 노-노 파 견 특기나눔사업
	지역복지사업	조사연구 / 교육훈련 / 운영위원회 / 특별행사
	복리후생사업	경로식당
	홍보사업	언론매체홍보 / 홈페이지운영 / 홍보영상제작 / 방송시스템 운영 / 리플릿 / 소식지
	특화사업	일하는 어르신복지 중심의 특성화 사업 – 다사랑 시니어 (Take-out) 카페 사업 / 전통놀이문화 알림이 사업 / 어르 신 특기나눔 사업 지역복지 중심의 특성화 사업 – 지역사회 효(孝)문화 캠페 인 사업 / 지역 유관기관 및 업체 연계 공연 사업 / 어르신 전 문봉사단 사업 가족단위 복지 중심의 사업 – 우리가족 노래방 운영 / '가정의 달' 맞이 가족화목대회 / 가족사랑 백일장 / 온 가족이 함께하 는 사랑의 봉사단
	데이케어센터	상담 및 사례관리 / 위생 및 신체지원 서비스 / 복리후생 서비 스 / 건강관리 서비스 / 기능회복 서비스 / 정서지원 서비스 / 가족지원 서비스 / 수급자 교육 / 특별 활동
역삼 시니어 복지센터	상담사업	회원가입상담 / 민원상남 / 기관방문 / 간담회 / 건강상담
	평생교육사업	건강여가프로그램 / 교육문화프로그램
	정서지원사업	특별행사 – 어린이날 행사, 나들이, 시니어의 날 기념행사 / 시 니어자원봉사단파견 / 생신잔치
	기능회복사업	물리치료 / 헬스피아 / 한방지료, 한방침
	지역복지 협동사업	네트워크회의 / 주민대표모임 / 지역사회연계사업 / 운영위 원회 / 실습지도
	시니어요양센터	일상생활지원서비스 / 의료 및 간호 서비스 / 기능회복 서비 스(재활) / 사회심리서비스 / 여가지원서비스 / 상담 / 가족지원 서비스 / 특별행사
	데이케어센터	상담 / 기능회복 / 사회재활 / 복리후생 / 여가지원 / 가족지 원서비스 / 특별행사

info.

압구정시니어복지센터
http://www.9898.or.kr

역삼시니어복지센터
http://www.ysenior.org

[표 2]
시니어복지시설 커뮤니티
프로그램 - 강동구

시설명	사업내용	프로그램
(시)강동 시니어 종합 복지관	특화사업	인큐베이팅사업 – 의료지원 / 주거지원 / 생계지원 We Can 예술문화봉사단 – 발대식 / 자원봉사교육 / 동아리별 전문화교육 / 예술봉사활동
	상담·홍보사업	상담사업 – 이용상담 / 전문상담 / 생활상담 / 집단상담 / 열린상담 홍보사업 – 홍보물제작(신문발간, 홍보리플릿, 월별행사안내, 현수막 제작) / 홍보활동(관내홍보, 홈페이지 관리, 언론홍보, 방송홍보, 지역홍보)
	평생교육사업	건강증진 프로그램 / 평생교육 프로그램 / 취미·여가 프로그램 / 정보화교육 프로그램 / 동아리 프로그램 / 특별행사
	재가복지사업	재가복지사업 – 대상어르신관리 / 식생활지원 서비스 / 후생복지 서비스 / 정서지원 서비스 / 경제지원 서비스 / 가정봉사원 파견서비스 시니어돌봄사업 – 시니어돌봄이 양성교육 / 독거시니어 안전확인 / 독거시니어 생활교육 / 독거시니어 복지서비스 연계 무료급식사업 – 결식우려시니어 식사배달 – 결식우려시니어 밑반찬배달
	복지협동사업	조사연구사업 / 직원교육 / 실습지도
	기능회복사업	기능회복사업 – 물리치료실 / 체력단련실 건강관리사업 – 건강관리실 진료서비스 / 지역병원연계 진료서비스
	복리후생사업	경로식당 / 이·미용실 / 셔틀버스
	경로당활성화 사업	경로당관리 / 의료지원서비스 / 건강예방지원서비스 / 취미예방지원서비스 / 위생환경서비스 / 정서함양지원서비스
	시니어일자리 사업	복지형 – 노노케어 / 시니어사랑나눔단 시장형 – 로뎀나무카페 / 텃밭가꾸기 인력파견형 – 강동경비원파견 / 강동청소미화
	고령자취업 알선센터	구인상담 / 구직 상담 / 취업교육 / 구인처 일손 알선 / 구직자 취업 알선 / 사후관리
	데이케어센터	상담서비스 / 의료보건 서비스 / 신체재활 프로그램 / 심리사회 프로그램 / 정서지지 프로그램 / 가족지원 프로그램 / 복리후생 서비스
	치매요양원	상담 / 식·생활 지원 / 위생관리 서비스 / 보건·의료 서비스 / 신체재활 프로그램 / 심리사회 프로그램 / 정서지지 프로그램 / 가족지원 프로그램 / 지역복지 / 직원역량강화
성가정 시니어 종합 복지관	상담사업	일반상담 – 이용상담, 신규회원환영회, 해피데이 전문상담 – 개별상담, 집단상담, 법률상담, 전문강좌
	재가복지사업	대상자관리사업 / 재가관리사파견사업 / 무료급식사업 / 후원사업 / 생활지원사업 / 특별행사
	사회교육사업	건강증진 프로그램 / 취미여가 프로그램 / 평생교육 프로그램 등
	복리후생사업	경로식당 / 체력단련실 / 도서관 / 이미용실 / 다목적휴게실 / 셔틀버스

info.

(시)강동시니어종합복지관
http://www.gdsw.or.kr

성가정시니어종합복지관
http://www.skjsenior.org

시설명	사업내용	프로그램
성가정 시니어 종합 복지관	홍보사업	관내홍보 / 매체홍보 / 온라인홍보 / 홍보물제작
	의료복지사업	보건의료사업 – 건강상담 / 기초건강관리 / 무료진료 / 지역연계보건 기능회복사업 – 물리치료 / 운동치료 / 건강치료 등
	경로당활성화 사업	경로당관리사업 / 여가지원사업 / 건강증진사업 / 생활지원사업 / 특별행사 / 특화사업
	조사연구사업	직원교육 / 실습지도 / 운영협의회 / 지역연계 / 사업평가회의
	시니어일자리 사업	강동어르신강사파견사업(교육형) / 도서관관리지원사업(공익형) / 급식도우미파견사업(공익형)
	데이케어센터	정서지원 및 여가활동 서비스 / 사회적응훈련 서비스 / 의료, 재활서비스 / 복리후생서비스 / 특별행사 / 가족지원서비스

[표 3]
시니어복지시설 커뮤니티
프로그램 – 강북구

시설명	사업내용	프로그램
(시)강북시니어종합복지관	종합상담사업	일반상담 / 민원상담 / 법률상담 / 세무상담 / 영양상담 / 집단상담
	홍보출판조사연구사업	홍보출판 / 조사연구
	재가복지사업	가정봉사원파견 / 재가복지서비스 / 특별행사 / 연계지원사업 / 결연후원사업 / 시니어의 집 무료급식사업 / 밑반찬배달사업
	사회교육사업	교양교실 / 건강교실 / 취미여가교실 / 서예교실 / 정보화교실 / 자율이용 / 동아리활동 / 특별기획 / 금빛대학
	복리후생사업	경로식당 / 이미용 / 셔틀버스
	기능회복사업	진료실 프로그램 – 이용자관리, 상담서비스, 진료, 건강관리, 간호서비스, 지역의료연계, 건강증진리더교실, 무료틀니지원사업 물리치료실 프로그램 – 물리치료,헬스케어프로그램, 체력증진
	지역협력사업	교육훈련 / 운영위원회 / 기획행사
	경로당운영혁신사업	여가지원 / 건강지원 / 생활지원 / 특별행사 / 리더십교육 / 특화사업
	시니어일자리사업	시니어전문강사 파견사업(교육형) / 홀몸시니어 돌보미사업(복지형) / 생활시설시니어돌보미사업(복지형) / 복지시설 환경도우미 파견사업(공익형) / 지역아동센터 급식도우미 파견사업(공익형)
	노일돌봄기본서비스	안전확인 / 서비스 연계 / 생활교육
	시니어돌봄종합서비스	신변활동지원 / 가사 · 일상생활지원 / 지역사회서비스 연계 / 특별서비스
	강북데이케어센터	이용자 모집 및 상담 / 송영서비스 / 급식사업 및 위생관리 / 복리후생 / 의료재활사업 / 사회심리재활사업 / 여가생활사업 / 특별행사 / 자원관리사업
	강북고령자취업알선센터	상담 / 취업알선 / 교육 / 구인처 개발 / 사후관리 / 홍보
	특화사업	북한산둘레길지킴이사업 – 기초교육 · 전문교육, 북한산둘레길지킴이 활동, 지역사회 연계행사, 조사연구 천태시니어예술단 – 예술단활동, 예술단교육, 예술단임원간담회, 외부행사참석, 발대식 · 해단식 컴시니어강사파견사업 – 컴시니어강사파견사업, 강사 오리엔테이션, 전문성강화교육, 자원봉사활동, 강사관리, 방문컴퓨터정비

info.

(시)강북시니어종합복지관
http://www.gswc.or.kr

은퇴하고 어디서 어떻게 살까?

[표 4]
시니어복지시설 커뮤니티
프로그램 - 강서구

시설명	사업내용	프로그램
(시)강서 시니어 종합 복지관	상담사업	기본상담 - 회원접수상담 / 이용상담 / 타기관의뢰 및 시설안내상담 / 기타상담 / 건의제도운영 전문상담 - 법률상담 / 개별상담 / 집단상담 은빛사랑교실(신입회원 오리엔테이션) 은십자봉사단(상담도우미)
	재가복지사업	가정봉사원파견사업 - 가사서비스, 정서적서비스, 사회적서비스, 상담서비스 일상생활지원사업 - 밑반찬배달 서비스, 건강음료 서비스, 효사랑전달 서비스, 주거환경개선 서비스, 세탁서비스 한국형LSA사업 - 재가시니어자조모임 '사랑방' 모임, LSA 재택안부전화사업 특별 프로그램 - 청각장애시니어프로그램 WOW(舊 소리샘) / 사랑방
	사회교육사업	프로그램 - 일반교양 문화과정 / 실비프로그램과정 / 심화학습 동아리 / 스포츠동아리 특별프로그램 - 웃음치료 강사양성과정 프로젝트, 어르신 인문학 아카데미, 이야기 할머니의 동화나라, 심화학습 동아리, 시니어뮤지컬반(09년도 포함), 탁구 기초교실, 시청각 프로그램, 건강맞춤 프로그램(요통&관절), 부부관계 강화프로그램, 노후설계 프로그램, 국내외 문화탐방, 강서문화 복지대학, 자원봉사학교, 젠틀맨 클럽, 사회교육 임원 리더십 강화프로그램, 아름다운 황혼교실(죽음준비교육)
	복리후생사업	경로식당 / 이·미용실 / 정보독서실 / 장기바둑실 / 셔틀버스
	의료사업	건강상담, 투약(일반의약품, 응급의약품 등), 데이케어회원 건강관리, 혈당측정, 비타민실 시청각 교육, 당뇨병 교실, 치매검사, 체성분·동맥혈·스트레스 검사, 방문간호/진료, 종합검진 등 특별 프로그램 - "IPTV 효도방" 원격상담, 레인보우 건강아카데미, 금연교실, 관절염 "나스스로 관리교실", 비만교실, 사상체질을 통한 자가건강관리
	기능회복사업	물리치료 - 물리치료, 운동처방, 상담, 보건교육, 보디리콜체조, 테이핑요법, 방문 물리치료 건강관리센터 - 자율이용 운동, 질환별 운동지도, 사회교육운동, 데이케어 운동지도
	지역복지 협동사업	홍보사업 / 교육사업 / 지역사회협력사업
	정보화교육사업	종합반(종합기본, 활용반) 단과반(인터넷, 인터넷활용-블로그, 디지털카메라, 한글2007, 멀티미디어, 그래픽-포토샵)
	경로당 활성화사업	준시니어 / 여가복지형 / 생활지원형 / 정서지원형 특별 프로그램 - 청각장애시니어과 비장애시니어이 함께하는 '시니어VJ', 우리동네특파원, 영상기자단, 경로당 임원리더십 강화사업 '경로당 운영책임자 최고지도자 과정'
	시니어협동조합	공동작업장 / 포토컴 / 시니어카페 / 강서시니어택배

info.

(시)강서시니어종합복지관
http://www.gangseosenior.or.kr

시설명	사업내용	프로그램
(시)강서 시니어 종합 복지관	시니어일자리 사업	시니어수호천사(시니어주도형) / 초등학교 급식도우미(공익형) / 시니어 강사(교육형) / 시니어효도우미(복지형) / 강서 시니어 아파트 택배(시장형)
	고령자취업 알선센터	관리직, 전문직, 서비스직, 단순직, 공공형 직종 취업성공전략을 위한 1:1 코칭 프로그램 특화사업 / 어르신 일자리박람회
	데이케어센터	상담서비스 / 신체기능프로그램 / 재활프로그램 / 정서지원프로그램 / 심리사회프로그램 / 영양지원프로그램 / 역량강화프로그램 / 특별행사
	독거시니어원 스톱 지원센터	안전확인 / 생활교육 / 서비스연계 및 조정 / 지역 내 복지서비스 발굴 및 사례관리 / 독거시니어 현황조사 특별 프로그램 – 홀몸시니어 우울감 해소를 위한 사회성(社會性) 향상프로그램 "通通通", 저소득층 에너지효율개선사업 / 사랑의 안심폰사업 / 위기사례관리

은퇴하고 어디서 어떻게 살까?

시설명	사업내용	프로그램
(시)관악 시니어 종합 복지관	상담사업	이용상담 / 심리신상 상담 / 전문상담 / 치매상담 / 집단상담 / case conference
	건강관리사업	건강증진 – 전문보건의료 / 어르신 응급관리 사업 / 어르신 일상건강관리 사업 기능회복실 – 물리치료사업 / 작업치료사업 / 사회성증진사 업 / 부양가족지지사업 / 사례관리사업
	평생교육사업	평생교육 – 평생교육사업 / 취미여가문화사업 / 문화동아리지 원사업 / 특별행사(절기행사) / 임파워먼트강화사업 어르신사회참여사업 – 푸른솔아카데미 / 큰나무봉사대 / 인터 블루방송국
	재가복지사업	가정봉사원파견사업 – 가정봉사원양성 및 파견사업 / 가정 봉사원역할강화사업 / 사례관리사업 / 서비스지원사업 / 지역 사회네트워크 1 · 2 · 3세대 통합사업 / 특별행사사업 / 대학 생전문봉사단 관악모니터링(특화) / 지역인프라형성사업 시니어의집 운영사업 – 생활관리자원사업 / 유대강화사업 / 건강보장사업 / 자원개발사업 / 주거안정지원사업 시니어돌봄서비스 사업 – 안전확인 사업 / 결연후원금 / 후원 물품지원서비스 / 백내장수술 지원 / 공연관람 / 주거환경개선 서비스 / 서비스제공인력관리 / 크린봉사대 활동
	경로당혁신사업	지역 network 사업 / 여가문화지원사업 / 경로당운영지원사업 / 특별행사 / 인적자원관리사업 / 경로당관리사업
	시니어일자리 사업	교육형 – 1.3강파견사업(green pamy) / 老–老강사 파견사 업(green pamy) 공공형 – 급식지도도우미파견사업(아람선생님) 복지형 – 어르신건강도우미파견사업(한울사업단) / 시니어 상담사운영사업(그루터기 사업단) 시장형 – 매점운영사업(안다미로 행복카페)
	복리후생사업	경로식당 / 이미용 서비스 / 순회차량 서비스
	후원/자원봉사 사업	후원사업 – 결원후원 / 사업후원 / 물품후원 / 단체 및 기업 체 사회공헌 / 서울디딤돌 / '시니어지기' 후원회 / 저금통 배분 / 바자회 / 일일찻집 자원봉사육성사업 – 봉사자 모집 / 오리엔테이션 / 자원봉사 자 리더육성 / 봉사자 활동 및 관리 / 자원봉사자 지원 / 자원 봉사자 어울마당 / 1.3vt 자원봉사캠프 / 청소년 봉사아카데 미 / 홍보기자단 / 1.3그린 걷기대회
	TF팀 운영	자원개발팀 / 후원개발팀 / 변화관리팀 / 대외홍보팀 / 고객 서비스팀
	특화사업	인터블루 – 역량강화 교육, 방송국 조지화, 방송, 지역네트워크 푸른속아카데미 – 홍보 및 모집, 개강식 수료식, 전문교육, 소양교육, 현장실습 꿈나래공연봉사단 – 장구교실, 시니어 건강댄스, 덩더쿵 체 조, 한국무용, 댄스 스포츠, 지지밴드, 하모니카, 웰빙요가, 포크댄스, 우리가락, 가곡반, 합창반 관악예절원 – 아동예절교육, 청소년 예절교육, 성인 예절교육 산재변화관리 – 심리적 자존감 회복, 직업훈련을 통한 사회적 응능력 향상, 직업복귀 지원망 연계시스템 구축

[표 5]
시니어복지시설 커뮤니티
프로그램 – 관악구

info.

(시)관악시니어종합복지관
http://www.noinjigi.org

시설명	사업내용	프로그램
(시)관악 시니어 종합 복지관	고령자취업 알선센터	취업, 알선, 구인의뢰, 구직, 취업자 사후관리, 구인처 사후관리, 구직자 구인체 자원관리, 취업박람회 연합실시, 홍보 및 평가
	관악예절원	아동예절교육 청소년 예절교육 – 새터민 청소년, 방학중 예절학교(일반, 저소득), 학교 방문교육, 예절 외 교육 성인 예절교육 – 일반과정, 결혼이민자 가족 및 외국인, 자격증과정
	관악시니어 문화센터	well–being 관악, 정서문화지원, 사례관리, 네트워크연계 사업, 자원봉사자관리
	독거시니어원 스톱 지원센터	시니어돌봄기본서비스사업 – 안전확인, 결연후원금 지급, 후원물품 지원, 백내장 수술지원 등 홀몸시니어을 위한 서비스 홀몸시니어사례관리 사업 – 홀몸시니어 DB관리, 사례관리 등 홀몸시니어 관리
	관악치매전문 요양센터	사례관리사업 / 클라이언트관리사업 / 사회재활사업 / 식생활지원사업 / 수행인력관리사업 / 가족기능강화사업 / 지역사회연계사업
	관악/남부 데이케어센터	의료서비스 / 신체재활서비스 / 심리사회재활서비스 / 여가활용서비스 / 특별행사 / 일상생활지원서비스 / 가족지원서비스 / 클라이언트관리 / 자원관리 / 수행인력관리 / 야간보호서비스, 주말보호서비스

은퇴하고 어디서 어떻게 살까?

시설명	사업내용	프로그램
광진 시니어 종합 복지관	상담사업	신규회원등록상담 / 신입회원 오리엔테이션 / 이용상담(민원) / 전문상담 공개강좌
	사회교육사업	교양교육 프로그램 / 건강증진 프로그램 / 취미여가 프로그 램 / 시니어정보화 프로그램 / 기타 특별활동 프로그램 / 평 생학습관 프로그램
	가정봉사원 파견사업	사례관리 / 가정봉사원 파견 / 재가서비스 / 광진구 지역연계 사업 / 지역연계사업 / 특별행사
	경로당 활성화사업	건강지원사업 / 여가지원사업 / 생활지원사업 / 특별행사 / 경 로당관리 / 지역사회연계 / 경로당 여성어르신 특화사업 "광 진초롱꽃 학교" / 경로당조직화사업(평생학습센터)
	기능회복사업	물리치료실 / 체력단련실 / 진료실 / 방문의료지원서비스
	복리후생사업	이·미용사업 / 경로식당 / 순회버스운행
	지역복지 협동사업	조사연구 / 실습지도 / 직원교육 / 홍보사업
	시니어일자리 사업	교육형 – 교육강사파견사업 복지형 – 사랑나눔복지도우미파견사업 / 엄마손간병도우미 파견사업 공익형 – 사서도우미파견사업 / 학교급식도우미파견사업 시장형 – OK6070아파트택배사업
	고령자취업 알선센터	취업상담 / 취업알선 / 구인처개발 / 취업교육 / 사후관리 관리직, 전문직, 서비스직, 단순직, 공공형 직종
	원스탑지원센터	시니어돌봄기본서비스사업 – 안전확인 / 서비스 연계 및 조 정 / 생활교육 / 독거시니어 현황조사 / 홀몸시니어 사랑의 안 심폰 지원사업 시니어돌봄종합서비스사업 – 신변·활동지원 / 가사·일상 생활지원
	시니어전문 상담센터	개인상담 / 집단상담 / 심리검사 / 법률상담 / 세무상담 / 전 화상담 / 온라인상담

[표 6]
시니어복지시설 커뮤니티
프로그램 – 광진구

info.

광진시니어종합복지관
http://www.gjsenior.or.kr

[표 7]
**시니어복지시설 커뮤니티
프로그램 - 구로구**

시설명	사업내용	프로그램
(시)구로 시니어 종합 복지관	종합상담사업	이용상담 / 정보상담 / 전문상담 - 개별상담 / 집단상담
	사회교육사업	교육대학 / 예술대학 / 전산정보학과 / 특별행사
	기능회복사업	물리치료사업 - 물리치료, 재활운동치료, 체력단련, 전위치료 건강상담사업 - 진료상담, 간호사정, 청력검사, 경로당방문 진료, 재가방문진료, 관절염교실, 당뇨교실, 요통검진
	재가복지사업	대상시니어관리 / 가정봉사원 활동 / 가정봉사원 관리 / 생활 지원 / 보건지원 / 정서지원 / 재가복지 네트워크 / 시니어의 집 운영 / 고독추방네트워크사업 / 신소외계층 평생교육 사업
	경로당 활성화사업	조사연구 / 건강재활 / 욕구서비스 / 상담서비스 / 취미여가 / 교양교육 / 정보화교육 / 지역사회교류 / 홍보 / 간담회 / 기 타행사
	시니어돌봄사업	시니어돌봄기본서비스사업 - 안전확인(방문점검), 생활교 육(화재예방, 응급조치, 건강 등), 서비스연계 및 조정(후원 금/품 연결) 시니어돌봄종합서비스사업 - 신변 · 활동지원, 가사 · 일상 생활지원
	복리후생사업	경로식당 / 이 · 미용실 / 셔틀버스
	특화사업	신 소외계층 평생교육 - 컴맹탈출하기! / 재미있는 한글공 부/영어첫걸음(헬로우 시니어!) / 서울이 들려주는 흥미진진 한 옛날이야기 / 휴대폰 내 맘대로 사용하기! / 은발의 청춘, 맘껏 두드려라!(시니어난타) / 안녕, 귀한 우리!(전문집단상 담프로그램) 고독추방네트워크사업 - 통합사례관리 / 아동통합프로그램 / 가족통합프로그램 / 결연후원 관리 및 후원물품전달
	고령자취업 알선센터	취업알선 / 취업 / 구직관리 / 구인관리 / 교육훈련 / 홍보 / 시 니어취업박람회
	데이케어센터	상담서비스 / 재활기능훈련 / 사회교육 / 순회차량운행 / 후 생복지 / 특별행사
	희망의집	입소자 상담 및 관리 / 급식사업 / 서울시 노숙인 일자리 사업 참여 / 건강건진 및 의료서비스 / 취업정보 제공 및 알선 등

info.

(시)구로시니어종합복지관
http://www.gurosenior.or.kr

시설명	사업내용	프로그램
(시)금천 시니어 종합 복지관	상담 · 홍보사업	상담사업 / 대상자관리사업 / 집단사업 / 도서관리사업 / 홍보사업 / 출판사업 / 지역거점-시니어정보센터
	평생교육사업	교양교육 프로그램 / 정보화교육 프로그램 / 전통문화 프로그램 / 흥미여가 프로그램 / 취미활동 프로그램 / 작품활동 프로그램 / 동아리 활동 / 정기 프로그램 / 기획 프로그램 / 전체행사 프로그램 / 금천리더스클럽 / 시니어인권 아카데미 / 꿈빛 지역네트워크 사업 / 지역거점-평생학습사업
	재가복지사업	생활지원사업 / 금천구 재가복지연합사업 / 정서지원사업 / 대상시니어관리 / 가정봉사원활동 / 가정봉사원 관리 / 지역거점사업
	시니어돌봄기본 서비스사업	현황조사 / 안전확인 / 생활교육 / 서비스연계
	기능회복사업	통증물리치료사업 / 재활치료사업 / 체력단련사업 / 재활상담사업
	의료지원사업	진료사업 / 간호 및 상담사업 / 지역연계사업 / 주간보호사업
	지역복지사업	어르신 자원봉사 - 꿈빛공연봉사단 / 6070봉사단 / 케어프렌즈 / 방송반 / 사업지원봉사단 청소년/직장인 자원봉사 - volunteer school, volunleer 체험활동, volunleer 나눔축제 일반 자원봉사 - 대학생 자원봉사, 성인 자원봉사, 지역사회 단체봉사
	경로당 활성화사업	여가지원사업, 건강지원사업, 정보지원, 경로당 사례관리, 지역연계사업, 리더스길라잡이, 특별행사, 전체행사
	시니어일자리 사업	복지형 - 장애시니어지킴이, 건강지킴이, 단춤 선생님, 정보알리미 공익형 - 스쿨존지킴이, 한내지킴이, 우리아이지킴이 교육형 - 다솜선생님, 문화선생님
	복리후생사업	경로식당 운영(함지박) / 이 · 미용실 운영 / 목욕탕 운영 / 셔틀버스 운영
	고령자취업 알선센터	구인 · 구직 접수/상담, 취업교육, 취업알선, 사후관리, 시니어취업박람회
	데이케어센터	상담사업 / 기능회복사업 / 건강관리사업 / 정서함양사업 / 치매예방사업 / 가족지원사업 / 특별행사 / 복리후생

[표 8]
시니어복지시설 커뮤니티
프로그램 - 금천구

info.

(시)금천시니어종합복지관
http://www.hello-senior.or.kr

[표 9]
시니어복지시설 커뮤니티
프로그램 - 노원구

시설명	사업내용	프로그램
(시)노원시니어종합복지관	상담사업	초기 이용상담 / 신입생환영회 / 생활건강상담 / 전문상담(법률상담, 정신건강상담, 소비자상담, 영양상담, 성격검사 및 가족관계상담) / 개별상담 / 방문상담 / 자원봉사 관련 상담
	복리후생사업	경로식당 / 방문이미용서비스 / 생신잔치 / 셔틀버스운행
	재가복지사업	사례관리사업 / 급식배달사업 / 정서적 지지사업 / 위생관리사업 / 자원봉사자 역량강화사업 / 자원연계사업 / 안전망구축 사업
	시니어일자리사업	교육형 – 어르신강사뱅크 / 숲생태강사뱅크 공익형 – 공공시설지킴이 / 학교급식도우미 "해피밀선생님" 시장형 – 노원시니어지하철택배 / Book Cafe도란도란
	사회교육사업	교육문화 프로그램 / 전통문화 프로그램 / 건강문화 프로그램 / 취미써클 프로그램 Ⅰ, Ⅱ / 정보화교육 / 출판프로그램 / 특별행사 프로그램 / 관외행사 프로그램 / 리더관리 프로그램 / 프로그램 개발
	기능회복사업	물리치료 / 자원연계 프로그램 / 건강증진 프로그램 / 일상생활용품 지원
	진료사업	진료사업 / 간호사업 / 지역사회연계사업
	원격진료사업	치매 및 우울 원격진료, 가족상담 및 교육, 진화상담 및 진료예약, 지역사회 연계, 홍보
	평생교육	후기고령 어르신을 위한 평생교육 사업 건강증진 지원 / 취미여가 지원 / 평생교육 지원 / 특별행사 / 사회참여 지원 / 소집단 프로그램
	고령자취업알선센터	취업상담및홍보/구직자및신규 구인처 모집 및 개발/구인, 구직 알선 및 사후관리 / 시니어취업훈련센터 전문취업교육 연계 / 고령자 적합 직종개발 / 이동취업상담 / 취업박람회
	데이케어센터	주·야간 보호 서비스 / 복리후생 서비스 / 건강관리 프로그램 / 신체활동 프로그램 / 심리재활 프로그램 / 취미여가 프로그램 / 특별프로그램
	경로당활성화사업	대상경로당 관리 / 여가지원 / 건강지원 / 교양강의 / 특별행사 / 경로당시설지원 / 여성시니어특화사업 / 지역사회연계프로그램 / 자문회의 / 강사관리 / 자원봉사관리
	실습지도사업	특강 / 관찰 / 업무보조 / 참관 / 지도실습 / 과제
	특화사업	아름다운 생애마감을 위한 senior「죽음준비학교」/ 웰다잉 코칭 시니어 리더 양성 프로그램 / 노원시니어카페 / 노원시니어성(性)상담센터 / 행복나눔 senior 오케스트라 세대가 함께 소통할 수 있는 음악의 향연! / 건강한 마음을 만들기 위한 우울극복 프로그램
	시니어돌봄기본서비스사업	안전확인 / 서비스연계 및 조정 / 생활교육 / 독거시니어 현황조사 / 지역내 복지서비스 현황조사 및 발굴
	홍보출판조사연구사업	홍보출판사업 / 조사연구사업

info.

(시)노원시니어종합복지관
http://www.nowonsenior.or.kr

시설명	사업내용	프로그램
(시)도봉 시니어종 합 복지관	상담사업	신규회원등록상담 / 심리상담 / 음악치료 / 집단상담 / 법률 상담 / 영양상담 등
	사회교육사업	사회교육프로그램 / 정서함양프로그램 / 시니어정보화프로그 램(기본과정, 고급과정) / 자율프로그램
	재가복지사업	정서지원사업 / 의식주지원사업 / 특별지원사업 / 후원사업 / 지역연계사업 / 가정봉사원파견사업
	기능회복 지원사업	물리치료실 / 체력단련실 / 건강관리실
	복리후생사업	경로식당 / 무료급식 / 이 · 미용서비스 / 셔틀버스 운행
	지역복지 협동사업	지역연계사업 / 운영위원회 / 실습지도 / 직원교육 및 훈련 / 조사연구사업 / 홍보 · 출판사업 / 후원사업 등
	경로당 활성화사업	경로당 관리 / 건강지원사업 / 여가지원사업 / 생활지원사업 / 지역교류사업 / 특별행사 / 경로당르네상스 사업
	시니어일자리 사업	밥상예절교육지기사업(공익형) / 새싹안전도우미사업(공익형) / 은빛보듬이사업(복지형) / 시니어수호대사업(복지형)
	시니어돌봄기본 서비스사업	안전확인 / 서비스 연계 및 조정 / 생활교육
	시니어돌봄종합 서비스사업	식사 · 세면도움, 옷 갈아입히기, 체위변경, 신체기능의 유 지 · 증진, 화장실 이용도움, 외출동행, 생필품 구매, 청소 · 세탁등 서비스 제공
	지역특성사업	검정고시반운영사업 / 긴급장례지원단사업 / 시니어연극예술 강사지원사업 / 동화배달시니어사업 / 우리예절지킴이사업
	고령자취업 알선센터	구직 서비스 / 구인서비스 / 취업알선 서비스 / 취업적응교 육, 전문교육 / 취업박람회, 동아리지원 / 찾아가는 직업상담
	데이케어센터	복리후생 / 의료재활 / 전문치료 / 특별행사 / 가족지원 / 야간 보호 등
도봉동 시니어 복 지 센터	상담사업	이용상담 / 건강 및 생활상담
	사회교육사업	교양프로그램 – 서예교실, 캄퓨터교실, 스위시맥스교실, 영 어교실, 일본어교실, 문해교실 문화체육프로그램 – 가락장구/민요노래, 가요노래교실, 단 학요가, 발마사지와 건강체조, 라인댄스, 에어로빅반, 웰빙 댄스, 테라밴드, 탁구교실
	복리후생사업	이미용사업
	무료복지사업	취미오락프로그램사업(탁구실) / 취미오락프로그램사업(노 래방, 장기바둑실, 장수운동실) / 경로식당사업(시니어경로 식당, 무료급식)

[표 10]
시니어복지시설 커뮤니티
프로그램 – 도봉구

info.

(시)도봉시니어종합복지관
http://www.dobongnoin.or.kr

도봉동 시니어복지센터
http://dbswc.or.kr

시설명	사업내용	프로그램
도봉동 시니어 복지 센터	지역복지사업	실습지도 / 공동작업장 / 소식지 및 홍보사업 / 특별행사 / 직원 교육 및 연수 / 교양강좌 / 유관기관협력사업 / 후원사업 / 자 원봉사자 모집 및 관리사업
	시니어일자리 사업	급식도우미 / 사랑한스푼 영양죽배달 / 시니어발건강지킴이
방학동 시니어 복지 센터	사회교육 프로그램	컴퓨터 교실, 한글교실 1, 3반, 일본어 교실(초급), 영어/영어 회화, 명심보감(기초, 고급), 국선도, 맷돌체조, 스포츠댄스, 라인, 생활댄스, 피트니스, 노래교실, 민요, 장구, 우리춤교실 (3층 강당), 시니어합창단, 시니어산악회, 무료수지침, 하모 니카, 오언절구, 셈교실, 건강웃음체조
	복리후생 프로그램	경로식당 / 이미용실 / 운동치료실 / 영양죽, 국 서비스, 목욕 서비스, 방역서비스, 특별행사 등 재가복지사업 / 미래안과 / 수지침 / 동명한의원
	시니어요양 공동생활가정	심리재활서비스 / 사회재활서비스 / 의료재활서비스 / 생활 지원서비스
	시니어일자리 사업	아동 / 안전 / 보호 / 사업
쌍문동 시니어 복지 센터	사회교육사업	교양교육사업 / 건강증진사업 / 취미·여가사업 / 특별행사
	기능회복사업	체력단련 / 보건소 이동진료 / 경락마사지
	복리후생사업	이·미용 / 경로식당
	시니어일자리 사업	세탁사업
창동 시니어 복지 센터	상담사업	센터이용상담, 안부전화, 회원등록 및 이용안내, 기타 상담(고충상담, 일자리, 정보제공 등)
	사회교육사업	정보화사업 / 공개강좌 / 교양교육 프로그램 / 정서함양 프로 그램 / 특별행사 / 자율이용사업/ 사회교육관리사업
	복리후생사업	경로식당 운영사업 / 무료급식사업 / 이미용실 운영사업
	건강증진사업	운동실 운영, 한방무료진료사업, 치매조기검진, 건강강좌, 기 타외부연계검진
	지역복지 협동사업	자원봉사자 관리사업 / 홍보사업 / 지역연계사업 / 운영위원 회 / 조사사업 / 직원교육 / 기부후원사업
	시니어일자리 사업	할매손공동작업장 / 시니어일자리사업
	기타특화사업	올드앤뉴사업

info.

방학동 시니어복지센터
http://www.bhswc.com

쌍문동 시니어복지센터
http://www.smdswc.or.kr

창동 시니어복지센터
http://www.changsenior.org

은퇴하고 어디서 어떻게 살까?

[표 11]
시니어복지시설 커뮤니티
프로그램 - 동대문구

시설명	사업내용	프로그램
(시)동대문 시니어종합 복지관	사회교육사업	교양교육 프로그램 / 건강증진 프로그램 / 취미·여가 프로그램 / 정서함양 프로그램 / 특별행사 / 동아리활동 / 시니어정보화교육
	상담사업	개별상담 - 회원가입, 이용상담, 심리생활상담, 신입회원교육 집단상담 전문상담 - 법률상담, 세무상담
	홍보·조사 연구사업	홍보사업 - 소식지 제작 및 배부, 리플렛 제작 및 배수, 뉴스레터(웹진) 발송, 매체홍보, 방문자 홍보, 홈페이지 운영 자료관리사업
	경로당 활성화사업	건강지원사업 / 여가지원사업 / 생활지원사업 / 지역교류사업 / 특별행사 / 경로당관리 / 특화사업
	자원봉사자 육성사업	개인 및 단체봉사 / 해피시니어봉사단(만 60세 이상 어르신)
	가정봉사원 파견사업	사례관리 / 가정봉사원 파견 / 건강지원서비스 / 생활편의지원 / 주거개선 / 사회정서서비스 / 식사지원서비스 / 결연후원서비스 등
	지역복지 협동사업	동대문시니어문화측제(연합) / 아동학대예방켐페인(연합) / 사회교육 동아리 외부 공연 실시 / 개관기념행사 / 사회복지 실습지도
	시니어돌봄 기본 서비스사업	안전확인 서비스 / 생활교육 서비스 / 서비스 연계
	후원사업	결연후원 / 일반후원 / 물품후원 / 행복 나눔 저금통
	희망플러스· 꿈나래통장 사례관리사업	희망플러스통장 - 자산형성 지원 / 개별(가족)상담 / 자조(특별)모임운영지원 / 금융교육 / 부모(양육)교육 / 사용목적별 사례관리 / 주거교육 꿈나래통장 - 교육자금형성 지원 / 개별(가족)상담 / 자조(특별)모임운영지원 / 금융교육 / 부모(양육)교육 / 사용목적별 사례관리
	복리후생사업	경로식당 / 이·미용실
	건강증진사업	건강상담사업 - 진료상담 / 간호사정 및 의료서비스 / 지역의료협력 / 건강증진교실 / 방문간호 / 주간보호어르신 건강체크 물리치료사업 - 물리치료 서비스 / 건강증진 서비스 / 집단운동 교육
	고령자취업 알선센터	구직·구인 서비스 / 행복을 드리는 희망카페(Take-out Cafe)
	시니어일자리 사업	교육형 - 디딤돌강사 / 시니어인권지킴이 복지형 - 재가어르신돌봄이 / 복지수호천사 시장형 - 신토불이지킴이 / 씽씽지하철택배 인력파견형 - 우리동네 은빛지킴이

info.

(시)동대문시니어종합복지관
http://www.happysenior.or.kr

시설명	사업내용	프로그램
(시)동대문 시니어종합 복지관	한국시니어 인권센터	상담사업 / 지역사회 연계사업 / 교육 및 홍보사업 / 시니어인 권보호 지킴이단 사업
	데이케어센터	병설 동대문데이케어센터 / 부설 구립데이케어센터 / 부설 구 립명성데이케어센터
	특화사업	지역사회 시니어인권보호를 위한 통합 프로그램 / 은퇴선생 님과 힘께하는 어르신 중입 검정고시 대비 프로그램 / 다양 한 여가 문화 창출을 위한 문화예술교육 프로그램(난타반) / 외국인 및 다문화 가정 사회적응력 향상을 위한 시니어전문 자원봉사활동

은퇴하고 어디서 어떻게 살까?

시설명	사업내용	프로그램
(시)동작 시니어 종합 복지관	특화사업	애니타임 투게더 / 아름다운 하늘소풍이야기 / 위풍당당! 아름다운 여성! / 노(老)손(孫)도손 노랏차차 / 아메리카老! / 세대공감! 행복한 모바일 세상! / 아름다운 인생레슨 / 첫 걸음을 함께! / Mr.경로당 / 다울 / 당신은 사랑받기 위해 태어난 사람
	상담사업	이용상담 / 전문상담(법률/세무 상담, 심리상담)
	사회교육사업	건강관리 프로그램 / 취미여가 프로그램 / 교양교육 프로그램 / 자유이용 프로그램 / 정보화 프로그램 / 소모임 및 동아리활동 / 영상심리 프로그램 / 특별행사
	재가복지사업	물재가복지사업운영 / 대상시니어관리 / 자원봉사자관리 / 가사주거생활지원 / 보건의료지원 / 심리지원
	보건의료사업	내방상담 / 간호사정 및 간호 서비스 / 건강증진 프로그램 / 지역의료연계 프로그램
	기능회복사업	물리치료실 / 헬스클럽
	경로당 활성화사업	건강지원사업 / 여가지원사업 / 생활지원사업 / 경로당임원리더십강화사업 / 특별행사
	독거시니어돌봄 기본사업	안전확인 / 생활교육 / 서비스 연계 및 조정
	지역복지	지역복지협동사업 – 주민참여사업, 지역사회연계사업, 자원개발사업 시니어일자리사업 – 시니어사랑지도단(교육형), 사랑나누미(공익형), 행복파견단(인력파견형)
	복리후생사업	이미용실 / 경로식당
	고령자취업 알선센터	고령자취업알선사업 홍보 / 구직,구인상담 및 등록 / 취업알선 / 구직자, 구인처 사후관리 / 구인처 개발 / 취업교육 / 어르신일자리박람회 개최(서울시고령자취업알선센터 연합사업)
	데이케어센터	시니어상담 / 간호사정 및 간호 서비스 / 정서지지 및 심신재활 / 복리후생 / 특별행사 / 가족지원
사당 시니어 종합 복지관	상담사업	이용상담 / 심리(생활)상담 / 법률상담 / 세무상담 / 집단상담
	사회교육사업	예능·취미 프로그램 / 정보화 프로그램 / 건강관리 프로그램 / 교양교육 프로그램 / 자율이용 프로그램 / 특화프로그램 / 동아리 활동
	재가복지사업	통합사례관리 / 가사주거생활지원 / 보건의료지원 / 심리정서지원 / 자원봉사관리 / 지역사회네트워크
	취업지원사업	사당고령자취업알선센터 / 시니어일자리사업
	지역복지사업	조사연구 / 교육훈련 / 홍보 / 운영위원회 / 특별행사
	의료재활사업	진료실 – 간호서비스, 지역 연계 서비스 / 물리치료실 / 체력단련실
	복리후생	경로식당
	데이케어센터	상담 / 가족지원 / 생활지원 / 기능회복 / 여가지원 / 건강지원 / 재활지원 / 문화지원

[표 12]
**시니어복지시설 커뮤니티
프로그램 – 동작구**

info.

(시)동작시니어종합복지관
http://www.djsw.or.kr

사당시니어종합복지관
http://silver.dongjak.go.kr

[표 13]
시니어복지시설 커뮤니티
프로그램 – 마포구

시설명	사업내용	프로그램
(시)마포 시니어 종합 복지관	특화사업	WE CAN 시니어봉사대 / 별별마을 / 인큐베이팅 사업 / 낙상 예방 맞춤형 건강관리 프로그램 / 동아리사업
	상담홍보사업	이용상담 / 세무상담 / 법률상담 / 각종상담 / 영양상담
	평생교육사업	교양교육사업 / 건강증진사업 / 취미여가사업 / 동아리사업 / 특별행사 / 시니어정보화사업
	재가복지사업	어르신상담 / 가정봉사원 파견사업 / 식생활지원사업 / 식사 배달사업 / 생활지원사업 / 식사배달사업 / 지역자원연계, 활용사업 / 두레모임 / 특별행사
	기능회복사업	물리치료실 / 운동치료실 / 체력증진실(옥상) / 건강관리실
	경로당운영 혁신사업	경로당 관리 / 여가지원사업 / 건강지원사업 / 특별행사 / 생활지원사업 / 경로당교육지원사업 / 경로당특화사업
	복리후생사업	글로리아(경로식당) / 사랑방 / 머리방 / 샤워실 / 셔틀버스 운행
	이동목욕사업	건강체크 관리 / 건강관리 / 이동목욕 서비스 제공 / 지역자원 연계
	시니어일자리 사업	공익형 – 마포사랑 시니어캅 복지형 – 고잉투게더 교육형 – 시니어스마일사업단 / 작은베토벤키움사업 / 시니어온에어 / 러빙월드 / 꿈아이학교 / 시니어안전인형극사업 파견형 – 녹색청결사업단 / 시험감독관 / 시니어사원파견사업 / 유통업체인력뱅크 시장형 – 아름다운시니어카페샤이닝
	데이케어센터	마포데이케어센터 – 전문재활 프로그램 / 건강관리 프로그램 / 전문의료서비스 / 심리강화 프로그램 / 정서함양 프로그램 / 자원연계 프로그램 / 취미마당 프로그램 / 행복충전 프로그램 / 송영서비스 / 데이케어웰빙생활관리 청진데이케어센터 – 건강관리 프로그램 / 전문재활 프로그램 / 심리강화 프로그램 / 정서함양 프로그램 / 인지재활 프로그램 / 전문 의료서비스 / 자원연계 프로그램 / 취미마당 프로그램 / 웰빙생활관리 / 송영서비스
	고령자취업 알선센터	구인상담, 구직상담, 취업교육, 구인처 일손알선, 구직자 취업알선, 취업, 사후관리 등 서비스직, 관리직, 전문직, 유통직 직종
마포 시니어 복지센터	시니어장기요양 보험사업	방문요양사업 / 주·야간보호사업 / 요양시설
	재가시니어 지원사업	유급봉사원파견서비스 / 생활지원서비스 / 결원후원서비스
	시니어돌봄 종합서비스	신변·활동지원 / 가사·일상생활지원

info.

(시)마포시니어종합복지관
http://www.senior21.or.kr

마포시니어복지센터
http://www.mapocare.or.kr

은퇴하고 어디서 어떻게 살까?

시설명	사업내용	프로그램
마포 시니어 복지센터	치매시니어가족 지원사업	상담 / 치매시니어 관리 및 등록사업, 치매예방교육, 치매가족교육, 치매가족모임, 치매가족캠프, 정보지발간, 자문위원회 회의, 홍보, 치매관련 세미나, 치매세미나, 가족(그룹)테라피, 자조모임 지원
	기타사업	개발 및 관리 / 홍보 / 실습지도
보사 시니어 복지센터	재가시니어 지원사업	시니어 자원봉사자파견 서비스 / 일상생활지원 서비스 / 정서지원 서비스 / 여가활동지원 서비스 / 지역사회 자원개발 서비스
	시니어장기요양 보험사업	방문요양사업 – 신체활동지원 / 일상생활지원 / 개인활동지원 / 정서지원 주·야간보호사업(데이케어센터)/ 단기보호시설(서울형복합요양시설) / 시니어요양시설 – 기능회복 서비스, 보건/의료 서비스, 심리사회 서비스, 대인 서비스, 특별행사 서비스, 기타 서비스
	시니어돌봄종합 서비스	식사·세면도움, 옷 갈아입히기, 체위변경, 신체기능의 유지·증진, 화장실 이용도움, 외출동행, 생필품 구매, 청소·세탁 등 서비스 제공, 심신기능 회복서비스(여가, 물리치료·작업치료·언어치료 등의 기능훈련), 급식 및 목욕, 시니어 가족에 대한 교육 및 상담 등의 주간보호서비스 제공
	어르신 나눔터운영	소득창출사업 / 여가프로그램 운영 / 지역자원관리사업 / 홍보사업
	시니어일자리 사업	공익형 – 시니어주간돌봄사업(은빛사랑터) 시장형 – 활기찬 노년을 지향하는 어르신 나눔터 운영('해피 앤펀' 시니어그라운드)
	기타사업	자원봉사자 개발 및 관리 / 후원자 개발 및 관리 / 홍보사업 / 사회복지실습

info.

보사시니어복지센터
http://www.bosahelp.or.kr

[표 14]
시니어복지시설 커뮤니티
프로그램 - 서대문구

시설명	사업내용	프로그램
(시)서대문 시니어종합 복지관	어르신 상담사업	회원상담 / 전화상담 / 전문상담 - 법률상담, 민원상담, 우울상담, 복지상담, 기타 상담
	사회교육사업	교양교육 프로그램 / 건강증진 프로그램 / 취미여가프로그램 / 시니 어정보화프로그램 / 자치활동 프로그램 / 특별활동 프로그램
	경로당 활성화사업	경로당관리사업 / 여가지원사업 / 건강지원사업 / 생활지원 사업 / 지역교류사업 / 여성특화사업 / 자율클럽운영사업 / 특별행사
	가정봉사원 파견사업	사례관리 / 가정봉사원 파견 / 보건위생 / 영양증진 지원 / 자립 지원 / 건강증진 / 사회정서 지원 / 결식시니어 무료급식 지원 / 지역 연계서비스 조정모임 / 연구조사사업
	기능회복사업	건강관리 프로그램 / 물리치료 프로그램 / 웰빙운동 프로그램
	복리후생사업	경로식당 / 이미용서비스 / 샤워서비스 / 세탁서비스
	지역복지 협동사업	조사연구사업 / 실습지도 / 운영위원회 운영 / 홈페이지운영 사업 / 직원연수 및 교육훈련 / 지역문화사업
	시니어일자리 사업	교육형 - 강사파견사업 / 숲생태 해설사업 / 시니어학대 예 방사업 복지형 - 시니어돌봄 지원사업 공익형 - 급식도우미 파견사업 / 보육도우미 파견사업 시장형 - 서대문 택배사업
	시니어돌봄 기본 서비스사업	안전확인 / 생활교육 / 서비스연계
	시니어돌봄 종합 서비스사업	활동지원 / 가사지원
	시니어자원 봉사 활성화사업	시니어자원봉사자 체계적 양성 시니어자원봉사자 활동 - 전통문화봉사단, 사진촬영봉사단, IT봉사단, 도서관봉사단, 사랑나눔봉사단, 공연봉사단, 클린 봉사단, 경로식당봉사단
	도서관사업	도서관 운영 / 독서대회 / 추천도서 전시회 / 독서토론회 / 낭 만콘서트
	특화사업	시니어자살예방센터 - 대면상담 / Tele-Check(전화접촉) / 마음의 건강도 평가 실시 / 의료지원 / 게이트키퍼 프로그 램 / 지역사회 네트워크를 통한 후속 연계서비스 / 현장출동 및 전문상담 프렌즈봉사단 - 봉사단 모집 및 선발 / 교육을 통한 전문적 역량 강화 / 결연을 통한 멘토링 활동 / 지역사회 인식개선 및 홍보 활동 탁구왕프로그램 - 참여자 기초 소양교육 / 탁구나눔활동 / 멘토링
	요양센터	보호서비스 / 위생서비스 / 재활서비스 / 기능회복서비스 / 정 서지원서비스 / 가족지원서비스

info.

(시)서대문시니어종합복지관
http://www.sdmsenior.or.kr

시설명	사업내용	프로그램
(시)서대문 시니어종합 복지관	고령자취업 알선센터	취업상담, 취업알선 및 사후관리 / 구인처 개발 및 관리 / 취업 준비교육 / 시니어취업훈련센터 직무교육 연계 / 어르신 일자 리 박람회 / 지역사회연계
	데이케어센터	상담보호 / 급식사업 / 재활 및 간호 / 건강증진 / 재활심리 / 특별행사 / 가족지원 프로그램
창천시니어 복지센터	프로그램	건강, 교양 프로그램 / 정보화 교육
	데이케어센터	급식, 의료, 생활지원 / 재활 / 정서지원 / 이 · 미용/용변서 비스 / 특별행사

info.

창천시니어복지센터
http://www.chang1000.or.kr

[표 15]
시니어복지시설 커뮤니티
프로그램 - 서초구

시설명	사업내용	프로그램
방배 시니어 종합 복지관	상담사업	이용상담 / 생활상담 / 법률상담 / 세무상담 / 집단상담
	사회교육사업	교육 / 문화 / 체육 / 무용 / 음악 / 여가 / 컴퓨터 / 특별행사
	재가복지사업	대상자 사례관리 생활지원 - 밑반찬 서비스, 특별식지원, 김장 나누기, 주거환경개선, 명절선물지원, 후원금/품 지원 정서지원 - 말벗 서비스, 생신잔치, 야외나들이 보건의료 - 방문물리치료, 외부자원연계, 의약품지원 조손가정지원 - 교육지원, 장학지원 자원봉사자 관리
	지역복지사업	조사연구 / 교육훈련 / 홍보 / 운영위원회 / 특별행사
	의료재활사업	기능회복사업 - 물리치료 / 건강증진 / 방문치료 / 상담서비스 의료지원사업 - 촉탁의 진료 / 간호서비스 / 지역연계서비스 / 주간보호건강체크
	복지후생사업	경로식당 / 이 · 미용실
	경로당 활성화사업	건강진단 / 건강유지 / 통증완화 / 근력강화 / 통증완화
	시니어일자리 사업	공익형 - 서초푸르미사업단 / 바른교통질서지킴이 / 시니어서포터즈 복지형 - 행복나눔사업단 / 시니어수호천사단
	주간보호센터	기획사업 / 홍보사업 / 입소 및 관리사업 / 급식사업 / 건강증진사업 / 심리재활사업 / 인지기능강화훈련사업 / 여가생활사업 / 특별행사 / 복리후생사업 / 가족관계증진사업 / 지역사회특별사업 / 자원봉사육성사업
	특화사업	고령자(2080 The coffee #) / 1.3세대가 함께하는 방학특강 / 조손세대지원사업 / 위기가정지원사업 / 헬스라이프 운동교실 / 웰빙건강 운동교실
	데이케어센터	건강증진 및 정서지원, 수발서비스 등 방문요양 / 방문목욕 / 시니어장기요양보험
양재 시니어 종합 복지관	평생교육 및 취미여가 지원사업	사회교육사업 일반강좌 - 교양교육 / 건강증진 / 취미여가 / 동아리활동 아카데미 강좌 - 어학 아카데미 / 정보화 아카데미 / 서초 시니어 아카데미 특별행사
	고용 및 소득지원사업	고령자취업 알선사업 - 구인처 개발 / 구직자 모집 / 취업알선 / 교육 OPAL(Old People with Active Life) 선생님 - 지구촌 문화기행(다문화교육) / 타이치 체조 / 한자교실 / 동화구연 / 예절교육 / 바둑 / 전통놀이 등 특화사업 - 도담선생님 / 도담(주니어) / S_Entertainment (시니어모델사업) 어르신 온라인 창업 아카데미

info.

방배시니어종합복지관
http://www.bbsenior.org

양재시니어종합복지관
http://www.seochosenior.org

은퇴하고 어디서 어떻게 살까?

시설명	사업내용	프로그램
양재 시니어 종합 복지관	건강생활 증진사업	재가시니어복지사업 – 사례관리, 정서지원, 생활지원, 결연 후원, 특화사업 건강증진 및 기능회복사업 – 건강관리, 무료검진, 건강교육, 방문간호, 물리치료, 운동치료, 방문치료 서초시니어주간보호센터 – 주야간보고 서비스 및 방문요양 서비스 주야간보호 서비스 – 서울형 데이케어 센터 본마을 데이케어센터 – 일상지원서비스 / 심리,사회서비스 / 신체재활서비스 / 건강지원서비스 / 가족지원서비스 / 야간서 비스 / 지역사회서비스 방문요양 서비스 / 이미용서비스
	정서생활 지원사업	일반상담 – 신입회원 상담, 이용상담 등 생활상담 – 생활고충상담, 시니어학대상담, 관련정보 안내 전문상담 – 법률, 세무, 부동산, 집단상담, 보건의료 등
	사회참여 지원사업	서초시니어전문자원봉사단 봉사단 – 지니선생님, 해피메이커, 서초프레스, 서초시니어 앙상블, 다솜도우미, 교육도우미, 전화도우미 사업내용 – 자원봉사자교육, 자조모임, 단합모임, 워크숍, 자문회의, 자원봉사자 및 활동관리
	경로당운영 혁신 프로그램	경로당 활성화사업 – 건강지원 / 취미여가지원 / 생활지원 / 전문강좌 / 특별행사 경로당임원리더십 강화사업 – 임원 리더십 강화 프로그램(서 초경로당 보라미) : 교육 / 지역사회봉사활동
	가족기능 및 통합지원사업	시니어돌봄기본서비스 – 안전확인 / 생활교육 / 서비스연계 독거시니어맞춤복지서비스 – 독거시니어 DB구축, 욕구서비 스 계획수립, 1:1 맞춤형 서비스 연계, 자치구 기관 네트워크
	지역사회개발	자원봉사활동 – 교육봉사, 문화/예술 봉사, 돌보미 봉사, 전문(기 능)봉사, 진료봉사, 행정봉사, 다솜터(식당)봉사 등 지역자원개발 : 후원자계발 및 관리사업 – 물품후원, 결연후 원, 사업후원 등
	시니어복지관 조직사업	사회복지현장 실습지도, 기관견학, 직원교육, 조사연구, 홍 보사업
중앙 시니어 종합 복지관	특화사업	파워 등대지기 – 어르신 강사(등대지기) 역량강화 교육, 등대교육(푸 른 빛 길 스쿨), 동행 Day Camp, 멘토–멘티 협약식 드림 서포터즈 – 문화예술 봉사단, 지식나눔 봉사단, 지역섬 김 봉사단, 정(精)나눔 봉사단 인문학 아카데미 – 여가활용, 관계형성, 노후준비, 생활설 계, 역사, 건강관리, 철학, 여가문화, 문학, 노년의 역할, 사회 적응, 영양관리, 여가문화, 노후준비 내 인생의 퍼즐맞추기 – 음악치료, 미술치료, 영화치료, 특 강, 문화체험, 자원봉사, 자조모임 두頭心心신身 건강 프로젝트 – 인지재활치료, 운동재활치 료, 심리재활치료, 나들이, 인지심리검사 지화자 좋다(지지를 통한 화려한 자존감) – 첫번째 soup(향 기 좋은 허브수프) : 원예치료, 두번째 soup(천년 묵은 산삼 수프) : 청계산 등반, 세번째 soup(영혼을 위한 닭고기 수프) : 서초요양원 봉사, 다니엘재활원 봉사

info.

중앙시니어종합복지관
http://www.seochonoin.org

시설명	사업내용	프로그램
중앙 시니어 종합 복지관	종합상담, 홍보출판사업	종합상담사업 – 회원관리, 초기상담, 심리상담, 법률상담, 세무상담, 집단상담, 공간특강, 꿈나무프로젝트, 어르신 소 리함 홍보출판사업 – 관내홍보, 언론매체 홍보, 소식지 발간, 리플 릿 및 사업별 안내지 제작, 행사 현수막 제작, 홈페이지 제작 및 관리, 초청장 및 안내문 발송, SNS 홍보
	사회교육사업	사회교육사업 – 컴퓨터학부 / 예술학부 / 스포츠건강학부 / 어문학부 / 실용음악학부 / 생활교양학부 자율이용 프로그램 – 탁구, 장기, 바둑, 당구, 포켓볼, 안마 의자, 복도 PC
	재가복지사업	재가복지사업 – 어르신 사례관리, 의식주 지원사업, 의료 지 원사업, 정서 지원사업, 특별행사, 지역연계 사업
	복리후생사업	경로식당 / 이·미용실
	기능회복사업	물리치료실 / 체력단련실
	간호보건사업	간호보건사업 – 기초건강체크, 체성분검사, 콜레스테롤, 중 성지방 검사, 혈당검사, 외상치료 및 일반의약품 지급, 응급 상황대처, 지역사회 연계사업, 의료기관 무료방문진료, 방문 간호, 건강상담, 건강교육 100세인 시니어건강강좌, 인지건 강을 위한 "두심신 건강프로젝트"
	시니어일자리 사업	교육형 – 사과나무 방과후 교실 / 새싹 보듬이(보육교사 도 우미) 시장형 – 에코비누숍 공익형 – 서리풀 환경 보듬이 복지형 – 또래 보듬이(노노케어)
	경로당 활성화사업	'99세까지 팔팔하게' 樂앤樂 경로당 – 신바람 나는 경로당(여 가지원사업) / 튼튼한 경로당(건강지원사업) / 풍족한 경로당 (생활지원사업) / 더불어 사는 경로당(지역교류사업) / 행복 한 경로당(특화사업)

은퇴하고 어디서 어떻게 살까?

시설명	사업내용	프로그램
(시)성동 시니어 종합 복지관	상담사업	이용상담 / 일반상담 / 전문상담 / 연계상담
	사회교육사업	여가 프로그램 / 컴퓨터 프로그램 / 교육 프로그램 / 자율 프로그램 / 동아리 프로그램 / 기타 프로그램
	재가시니어 복지사업	가정봉사원 파견사업 / 생활편의 지원사업 / 보건의료 지원사업 / 결연 · 후원사업 / 특별사업 / 정기행사
	시니어돌봄기본 서비스사업	독거시니어현황조사 / 안전확인 / 서비스 연계 및 조정 / 생활교육 / 지역 내 복지서비스 현황조사 및 발굴
	경로당 활성화사업	건강증진사업 / 여가지원사업 / 생활지원사업 / 지역교류사업
	자원개발 관리사업	자원봉사 관리사업(시니어, 일반) - 자원봉사자 개발 및 활동관리, 봉사프로그램 개발 및 연계, 봉사자 간담회 · 교육, 지역사회 네트워크 활성화(대학교 사회봉사단, 성동구 지역사회복지협의체, 자원봉사 관련 단체 등), 우수자원봉사자 포상 등 후원 관리사업 - 지역 내 물적자원 현황파악, 후원자(처) 개발, 기부자 및 업체관리, 물품후원관리, 후원모금활동, 디딤돌활동, 지역사회 네트워크 활성화(지역사회복지협의체 등), 지역사회 후원모금캠페인, CMS 등
	시니어일자리 사업	교육형 - 1-3세대 강사파견사업 : 뉴아 및 초등학생을 대상으로 한 교육활동사업 복지형 - 시니어학대예방사업 : 지역 내 시니어학대 예방을 위한 교육 및 예방사업
	기능회복사업	물리치료사업 - 물리치료, 운동치료, 예방교육(정보제공), 방문물리치료, 질환별 운동치료교육 건강상담사업 - 진료, 검사, 한방서비스, 방문의료서비스, 기초의료서비스, 투약, 지역의료자원 연계, 실습생 교육
	복리후생사업	경로식당 / 이 · 미용실 / 특수목욕실 / 셔틀버스
	지역복지 협동사업	성동구 지역사회복지협의체 /운영위원회의 / 실습지도 / 기관견학 및 대관
	조사연구 및 홍보사업	조사분석 / 프로그램 평가 / 직원교육 및 연구 / 홍보사업
	고령자취업 알선센터	취업상담 /취업교육 / 알선 / 사후관리 / 구인업체개발 / 홍보사업 / 조사연구사업 / 지역연계사업 / 센터연계사업 / 기타
	데이케어센터	주 · 야간 전문케어 프로그램

[표 16]
시니어복지시설 커뮤니티
프로그램 - 성동구

info.

(시)성동시니어종합복지관
http://www.sdsenior.or.kr

[표 17]
시니어복지시설 커뮤니티
프로그램 – 성북구

시설명	사업내용	프로그램
(시)성북시니어종합복지관	상담홍보사업	상담사업 – 이용상담(이용상담, 전화상담) / 개별상담(시니어정보상담, 생활상담) / 전문상담(어르신정서지원센터) / 신입회원이용안내 / 상담자원봉사자 관리 홍보사업 – 복지관 각종 리플릿 제작 / 소식지 및 홍보책자 발간 / 언론매체를 통한 복지관 홍보 / 온라인 홍보 / 기관견학
	사회교육사업	정규프로그램 – 교양교육 / 건강증진 / 취미여가 / 정보화교육 / 자율이용 특별활동 – 특별행사 / 성북시니어문화파견단(동아리활동) / 은빛봉사대
	재가복지사업	재가복지 관리상담프로그램 – 사례관리(수시지원) / 식생활지원서비스 / 정서지원서비스 / 일상생활지원서비스 / 촉탁의사 방문진료(월 1회) / 지역연계사업(수시) 가정봉사원파견사업 – 가사서비스 지원 / 정서서비스 지원 / 간병서비스 지원 / 사회서비스 지원 시니어의 집 – 입소자 관리, 상담, 생활서비스 지원 등
	경로당 활성화사업	경로당 관리 / 건강지원서비스 / 여가지원서비스 / 생활지원서비스 / 지역사회교류 / 특별행사 / 여성특화프로그램
	시니어일자리사업	교육형 – 시니어극단동화나라 / 시니어스마일사업단 공익형 – 초등학교급식도우미 복지형 – 시니어안심도우미
	기능회복사업	건강상담 / 건강체크 / 청력검사 / 수급자 어르신 영양제 지급 / 건강검진 및 건강강좌(수시) / 한방진료 실시
	복리후생사업	경로식당 / 이·미용실 / 셔틀버스
	특화사업	성북시니어문화파견단 – 전문공연활동학습, 시니어문화파견활동, 문화소외계층교류활동 해피투게더–Happy solution, 세대공간 PLUS, 역량 Jump&Jump, 평가 및 관리 시니어돌봄서비스사업 – 안전확인, 서비스 연계 및 조정, 생활교육, 독거시니어 현황조사, 지역내 복지서비스 현황조사 및 발굴
	어르신 정서지원센터	일반상담(생활상담, 각종 시니어복지정보 제공), 전문상담(우울증 상담, 치매상담, 법률상담), 사례관리, 공개강좌, 집단상담
	고령자취업 알선센터	구직자/구인처 접수, 상담, 취업알선, 사후관리 등
	데이케어센터	주·야간 돌봄서비스
석관시니어복지센터	상담홍보사업	이용상담 / 일반상담 / 전문상담 / 연계상담
	사회교육사업	여가 프로그램 / 컴퓨터 프로그램 / 교육 프로그램 / 자율 프로그램 / 동아리 프로그램 / 기타 프로그램
	특화사업	가정봉사원 파견사업 / 생활편의 지원사업 / 보건의료 지원사업 / 결연·후원사업 / 특별사업 / 정기행사

info.

(시)성북시니어종합복지관
http://www.bbsenior.org

은퇴하고 어디서 어떻게 살까?

시설명	사업내용	프로그램
석관 시니어 복지 센터	홍보 및 조사연구 사업	독거시니어현황조사 / 안전확인 / 서비스 연계 및 조정 / 생활 교육 / 지역 내 복지서비스 현황조사 및 발굴
	복리후생사업	건강증진사업 / 여가지원사업 / 생활지원사업 / 지역교류사업
정릉 시니어 복지 센터	프로그램	교육·여가건강 프로그램 / 컴퓨터교육 프로그램 / 여가건강 프로그램 / 체력단련실 / 이·미용 서비스
	상담서비스	상담사업 / 회원관리 / 인력관리
	사회교육 및 복리후생	시니어복지센터 프로그램 – 여가건강 / 교양교육 / 컴퓨터 교육 / 정기행사 / 특별행사 복리후생 프로그램 – 위생서비스(이·미용 서비스)
	데이케어센터	치매전문 서비스 / 기능회복 서비스 / 복리후생 서비스 / 여가 지원 서비스 / 기타 서비스

info.

석관시니어복지센터
http://www.sknoin.or.kr

정릉시니어복지센터
http://www.jsilver.kr

[표 18]
시니어복지시설 커뮤니티
프로그램 – 송파구

시설명	사업내용	프로그램
송파 시니어 종합 복지관	상담사업	초기상담 / 이용상담 / 전문상담 – 심리검사, 건강상담, 개인상담, 집단상담, 전문상담
	평생교육: 장수대학	건강증진 프로그램 / 교양교육 프로그램 / 정서함양 프로그램 / 자율 프로그램 / 나눔행사 / 특별행사
	기능회복사업	기능회복사업 – 물리치료, 전의치료, 재활치료, 체력단련실, 발마사지, 전동안마의자 건강증진사업 – 상담서비스, 진료, 건강관리, 지역의료연계, 건강증진교실
	재가복지사업	재가복지사업 – 일상생활지원서비스, 특별행사, 지역사회네트워크, 특화사업 시니어돌봄기본서비스사업 – 독거시니어 안전확인, 독거시니어 서비스연계 및 조정, 독거시니어 생활교육, 독거시니어 현황조사, 지역 내 복지서비스 현황조사 및 발굴
	뇌졸중재활센터	상담, 이용자 관리, 위생·영양관리, 건강증진, 물리치료, 정서지원, 특별행사
	서울형 치매 데이케어센터	여가정서 / 사회재활 / 신체재활 / 특별행사 / 보건, 위생 / 가족지원
	송파치매케어 센터	금색 및 영양서비스 / 위생서비스 / 의료 및 간호서비스 / 재활서비스 / 정서지원서비스 / 여가활동프로그램 / 심리 및 인지기능 프로그램 / 신체재활프로그램 / 특별행사프로그램 / 가족지원
	경로당 활성화사업	경로당프로그램 / 경로당지원 및 관리 / 특별행사 / 지원개발 / 조사연구
	시니어일자리 사업	교육형 – 시니어강사파견사업 / 찾아가는 훈장님사업 / 문화유적해설사업 / 시니어학대예방사업 / 보육시설도움선생님 / 공원놀이 선생님 공익형 – 초등급식도우미사업 / 어린이집수호천사업 복지형 – 다솜도우미 / 복지시설도우미사업 시장형 – 지하철택배사업 인력파견형 – 시니어인력뱅크
	기획홍보	조사연구 / 홍보·출판
	자원봉사	자원봉사 – 자원봉사자 모집 및 홍보, 자원봉사자 상담 및 배치, 자원봉사자 활당, 자원봉사자 교육, 자원봉사자 관리 및 지시 시니어자원봉사사업 – 자원봉사자 상담, 자원봉사자 교육, 자원봉사자 배치 및 활동, 자원봉사활동에 대한 보상, 자원봉사활동 평가 문화예술봉사단, 복지서포터즈, 연극/인형극봉사단, 문화예술봉사단
	고령자취업 알선센터	취업상담 / 취업알선 / 사후관리 / 취업교육 / 업체개발 / 홍보 / 어르신 일자리박람회

info.

송파시니어종합복지관
http://www.song-pa.or.kr

은퇴하고 어디서 어떻게 살까?

시설명	사업내용	프로그램
양천 시니어 종합 복지관	상담사업	이용상담 / 일반생활상담 / 사례관리 / 복지정보상담 / 영양상담 / 심리상담 / 법률상담 / 세무상담 / 집단프로그램 / 또래상담 / 신입회원 교육 / 반가운 친구 신나는 복지관
	평생교육사업	어르신 정보화 프로그램 / 평생학습 프로그램 / 지역사회 통합 및 특별활동 프로그램 / 건강 및 체력증진 프로그램 / 취미여가 프로그램 / 교양교육 프로그램 / 평생학습 관리 프로그램 / 어르신 집단활동 프로그램
	기능회복사업	건강관리실 / 물리치료실
	복리후생사업	경로식당 / 순회버스 / 이·미용서비스 / 도서 / 장기·바둑실
	재가복지사업	재가사례관리사업 / 가정봉사원파견사업 / 식생활개선사업 / 재가의료지원사업 / 생활지원사업 / 정저지원사업 지역복지 네트워크사업 / 기획사업
	독거시니어 돌봄 사업	안전확인 / 생활교육 / 서비스 연계 / 독거시니어현황조사
	경로당 활성화사업	경로당관리사업 / 여가지원사업 / 건강지원사업 / 특별행사 / 경로당지원사업 / 조사연구사업 / 특화사업 / 지역사회연계사업 / 시니어일자리사업
	지역복지 협동사업	시니어문화제 / 지역사회 내 시니어관련단체 말표회 및 시니어가요제 / 경로주간 예술제 / 한마음시니어종합예술제, 작품발표회 / 지역협력교류사업 / 지역 내 유관기관 및 단체와 협력교류
	홍보사업	미디어/인터넷/행사와 홍보를 통한 홍보, 기사보도/방송국 촬영협조, 홈페이지 운영/유관단체 간 네트워크 활용/이메일/게시판 활용 등, 견학/참여 프로그램 기획/브로슈어/홍보물 제작 등
	조사연구사업	운영보고서, 소식지, 사례연구, 조사연구보고서
	시니어일자리 사업	공익형 – 급식도우미 파견사업 교육형 – 시니어수호천사(시니어학대예방사업단) / 시니어체조지도자파견사업 / 꿈과 희망을 전하는 이야기 어르신 복지형 – 헬퍼·케어(복지) 도우미 시장형 – 나눔의 장 사랑밭 희망꽃 / 햇살가득한 웰리카페
	고령자취업 알선센터	취업상담, 알선 및 구인처, 구직자 사후관리 / 구인처 개발 확보 및 관리 / 고령자 적합 직종 및 신규직종개발관리 / 취업준비교육 및 직종별 전문교육 / 구인처 및 구직자 정보 제공 및 홍보 / 연합사업 / 조자연구 협조사업 등
	신월시니어 복지센터	상담사업 / 조사연구사업 / 사회교육사업 / 장수교실사업(집단활동, 사회교육, 지역자원연계) / 지역협력사업 / 생활지원사업 / 복리후생사업(무료급식, 이·미용서비스, 의료서비스, 웰리만세방), 자원봉사활동육성사업 / 웰리봉사단사업 / 시니어일자리사업
	시니어요양센터	상담서비스/복리후생서비스/건강관리서비스/재활프로그램/여가프로그램 / 가족지원서비스 / 행사 / 사례관리 / 운영지원
	데이케어센터	복리후생서비스 / 건강증진서비스 / 기능회복서비스 / 인지기능회복서비스 / 가족지원서비스 / 행사 / 사례관리 / 운영지원

[표 19]
시니어복지시설 커뮤니티 프로그램 – 양천구

info.

양천시니어종합복지관
http://www.silverwelfare.or.kr

[표 20]
시니어복지시설 커뮤니티
프로그램 - 영등포구

시설명	사업내용	프로그램
영등포 시니어 종합 복지관	시니어상담사업	회원관리 – 신입회원교육 / 회원관리 전문상담 – 종합상담(개별상담) / 집단상담
	평생교육사업	사회교육/문화복지/건강증진/정보화 교육/동호회/특별 프로그램
	재가복지사업	사례관리 / 식생활 지원사업 / 건강지원사업 / 보건위생사업 / 정 저지원사업 / 경제적 지원 및 자원연계사업 특화사업 – 기초안전망관리사업 / 한강성심병원연계 "영등포지 역시니어 건강관리지원 사업" 운영 / 저소득 무의탁 어르신을 위 한 교육지원활동 "문화배움터" / 조손세대집단프로그램 "할아 버지 할머니 그리고 나, 세상속으로" 운영
	독거시니어 One-Stop 지원센터	독거시니어 ONE-STOP 지원센터 – 시니어돌보미 교육, 파견 / 독거 시니어 욕구사정/서비스연계/독거시니어DB구축/중복서비스 방지 시니어돌봄기본서비스사업 – 안전확인 / 생활교육 / 서비스연계 자조적 관리모델 '함께살이(So Happy Together)' 운영 우울증 관리프로그램 '함께에 같이(가치)' 운영 '시니어상담사 케어링 사업' 운영
	경로당 활성화사업	특수목적 사업 – 건강특화 / 운영자립 사업 – 여가자립 운영지원 사업 – 건강지원, 여가지원, 생활지원
	시니어일자리 사업	공익형 – 보육시설 급식도우미(새싹튼튼천사) / 아동안전 지킴 이(새싹수호천사) / 도서관 관리지원(새싹지식천사) 교육형 – 1-3세대 어르신강사 / 노-노 어르신강사 복지형 – 주거환경 개선지원(은빛클린천사) / 거동불편 시니 어돌봄(시니어시터 – 시니어지킴이, 가사도우미, 간병도우 미) / 소외계층돌봄사업(시니어학대예방) 시장형/인력파견형 – 은하수택배사업(아파트택배) / 인력파 견사업
	지역자원	후원사업 – 후원자 개발 및 관리, 후원금·품 전달 및 집행, 관내 및 관외 후원행사 진행 자원봉사사업 – 자원봉사 개발 및 모집홍보, 봉사활동 기초 교육 진행 및 등록, 각 사업분야별 자원봉사 활동 진행 및 실 적등록·관리, 자원봉사 활동인증서 발행 홍보사업 – 관내홍보, 관외홍보, 웹진 제작 및 발송, 온라인 홍보, 복지관 및 사업별 홍보물 제작 등
	조사연구사업	조사연구, 만족도 조사, 간행물 제작 직원복리 및 교육 / 예비 사회복지사 교육(실습)
	의료재활사업	안전도모, 기능회복 도모, 기능향상, 일상생활 동작훈련, 데 이케어센터 지원, 운동지도 등
	복리후생사업	경로식당 / 이미용사업 / 셔틀버스 / 시설물 이용
	특화사업	지역사회시니어보호사업–함께살이 / 우울증관리교실 시니어권익 옹호 및 지원사업–시니어권익증진센터 / 시니어 이해교육단 / 오렌지플러스 시니어가족 지원사업–조손세대지원사업 / Hello! grandma! 문화예술지원사업–미디클럽 / 연극교실 / 뮤지컬단 지역사회 네트워크사업–바로세움 / 문해기관 네트워크 사업 생애탐구사업–어르신 아카데미
	데이케어센터	건강관리프로그램 / 인지기능증진프로그램 / 여가활동프로그 램 / 기능회복증진프로그램 / 가족지원프로그램 / 상담프로그 램 / 특별프로그램

info.

영등포시니어종합복지관
http://www.silverwelfare.or.kr

은퇴하고 어디서 어떻게 살까?

시설명	사업내용	프로그램
(시)용산 시니어 종합 복지관	상담사업	이용상담 – 초기면접, 이용상담, 신입회원 환영행사, 전화상담 전문상담 – 심리상담, 잡단상담, 법률상담, 세무상담
	평생교육 (사회교육)사업	평생교육 사업 – 교양교육 / 취미여가 / 건강증진 / 정보화교육 자치활동–클럽 – 레인보우 코러스 합창클럽 / 산울림 등산클럽 / 포커스사진클럽 / 하모니카 클럽 / 누리울림 클럽 / 고적탐사클럽 / 문인화 클럽 / 용산 UCC클럽 / 용산 럭키 클럽 / 영화 동화 클럽 / 골프 클럽 / 연극클럽 특화사업 – 행복한 부부학교 / 멋쟁이 시니어아카데미 특별행사
	재가복지사업	대상자 관리 / 가정봉사원 파견사업 / 도시락배달사업 / 밑반찬 배달사업 / 죽 배달 서비스 / 주거환경개선사업 / 세탁서비스 / 생활지원사업 / 긴급지원서비스 / 정서복리사업 / 후원사업 / 영양관리사업 / 지역사회조직사업
	경로당혁신사업	선정관리사업 / 사회교육사업 / 건강증진사업 / 생활지원사업 / 특별행사사업 / 지역사회교류사업 특화사업 – 경로당이용어르신들의 행복증진 사업 '원예교실' / 리더십 훈련학교(LTS : Leadership Training School) / 소외계층의 평생교육사업 지원을 위한 경로당어르신 공예프로그램 / 경로당 이용어른신들의 자아통합감 증진을 위한 맛있는 MyLife 레시피인생비빔밥
	건강생활 지원사업	재활복지사업 – 재활운동사업 / 물리치료사업 / 재활운동기기 간호보건사업 – 건강상담, 안과검진, 청력검사 및 보청기 수리, 영앵제보급, 혈당검사, 한방진료, 건강교실, 건강강좌, 치매조기검진
	복리후생사업	경로식당 / 이미용 / 체력단련실 / 샤워 / 셔틀버스 / 정보마당
	시니어일자리 사업	교육형 – 투투강사파견사업 복지형 – 온누리복지도우미파견사업 시장형 – 해피카페테리아, 행복읍식사업, 행복뜨락 기독교 폐백사업
	지역복지 협동사업	전문성 강화사업 – 운영위원회, 직원교육사업, 조사연구사업, 실습지도교육 지역문화사업 – 다양한 문화행사
	시니어돌봄기본 서비스사업	안전확인 / 서비스연계 / 생활교육
	특화사업	온누리희망밥차
	데이케어센터	일상생활지원서비스 / 재활서비스 / 보건위생 · 의료 서비스 / 심리, 사회재활서비스 / 가족지원서비스 / 특별행사 / 사례관리
	고령자취업 알선센터	상담 및 취업알선 / 취업적응교육 및 직무교육 / 구인처 및 구직자 사후관리 / 홍보활동 / 어르신 일자리 박람회 개최 / 기타 시니어취업 증대를 위한 연구 및 개발사업 진행

[표 21]
시니어복지시설 커뮤니티
프로그램 – 용산구

info.

(시)용산시니어종합복지관
http://www.ysnoin.or.kr

info.

청파시니어복지센터
http://www.cpnoin.or.kr

시설명	사업내용	프로그램
청파 시니어 복지 센터	상담사업	이용상담 – 초기면접, 이용상담, 신입회원설명회, 전화상담 후원사업 – 심리상담, 집단상담, 법률상담, 세무상담
	사회교육사업	교양교육 프로그램 / 취미여가 프로그램 / 건강증진 프로그램 / 정보화교육 프로그램 / 특별행사
	재가복지사업	선정/관리 / 식사지원 사업 / 생활지원 사업 / 건강지원 사업 / 정서지원 사업 / 후원사업
	기능회복사업	물리치료 / 체력단련 / 방문물리치료 / 건강강좌 / 운동교실
	복리후생사업	경로식당 / 이미용 / 마사지 서비스
	지역복지 협동사업	특별행사 / 운영위원회 / 직원교육 및 직원연수 / 실습생 지 도 / 조사연구

은퇴하고 어디서 어떻게 살까?

시설명	사업내용	프로그램
(시)은평 시니어 종합 복지관	임상종합 상담사업	종합진단 및 판정 / 전문개별 상담 / 집단상담프로그램 / 시니어상담인력 양성 / 은평시니어포럼
	기능회복사업	물리치료실 사업 – 재활상담 및 평가, 기능회복실, 물리치료실, 작업치료, 시니어용품무료대여, 장애시니어보장구 수리, 재활전문 집단치료 진료실 사업 – 가정방문재활간호사업 / 당뇨교실 및 자조모임 / 청력진단검사 / 대체의학서비스 / 한방치료 / 무료틀니서비스 / 촉탁의무료진료 및 투약 / 기초 건강 체크 및 상담
	지역재가포괄 복지센터	초기면접 및 사례관리 / 가정봉사원파견 및 교육, 관리 / 식생활지원사업 / 홍길동 빨래방 서비스 / 자립지원사업 / 차량봉사대서비스 / Food-bank(잉여식품사업) / 따뜻한 겨울나기 / 지역사회 network / 돌봄이바우처 / 사랑가족만들기 / 사회생활지원
	사회교육사업	사회교육프로그램 / 정서함양프로그램 / 정보화프로그램
	평생학습관사업	지원네트워크 구축 / 경로당 평생학습 Zone 구축 / 세계화 어학당 프로그램 / 맞춤형 평생학습 프로그램 / 열린 평생학습 프로그램
	경로당 활성화사업	사회참여 / 보건의료 / 사회교육 / 자활자립 / 복지후생 / 환경개선 / 회장단 리더십트레이닝 / 특화사업
	은평데이케어 센터/방문목욕	은평데이케어센터 – 일상생활케어, 기능회복 및 재활, 사회심리치료, 보건의료, 여가프로그램, 사회생활지원, 가족지원사업, 영양서비스, 송영서비스, 사례관리 방문목욕 – 사례관리, 목욕서비스
	복리후생사업	경로식당 / 이 · 미용실 / 셔틀버스 운행 / 늘푸른 쉼터
	고령자취업 알선센터	취업알선 및 상담 / 공동작업장 운영 / 어르신 일자리 취업박람회 / 시니어 일자리사업
	자원봉사 육성사업	자원봉사자 관리 / 은빛 어르신 봉사단 활동 / 청소년 봉사활동 / 대학생 사회봉사활동 / 사회공헌 봉사활동 / 가족봉사단 활동 / 자원봉사자 지역사회운동
	지역복지 협동사업	홍보 / 실습생지도 / 기관견학 / 인덕문고 / 편의시설 대여 / 프로그램 개발 및 연구
	특성화사업	이동재활차량사업 / 이동목욕사업 / 장례서비스 / 이동미용차량사업 / 경로당공간활용사업
갈현시니어복지관	사회교육사업	교양교육 프로그램 / 건강증진 프로그램 / 평생학습 프로그램 / 정보화교육 프로그램 / 기타프로그램 / 특별행사 / 자율 여가활동
	건강생활 지원사업	건강증진지원 – 건강관리 / 이 · 미용 서비스 급식지원 – 경로식당(중식서비스) / 무료급식 / 밑반찬배달 기능회복지원 – 물리치료 / 체력단련
	정서생활 지원사업	이용상담 및 회원관리 / 생활상담 / 사례관리 / 재가시니어복지사업 / 특별행사

[표 22]
시니어복지시설 커뮤니티 프로그램 – 은평구

info.

(시)은평시니어종합복지관
http://www.ep-silver.org

갈현시니어복지관
http://www.ghsw.or.kr

시설명	사업내용	프로그램
갈현 시니어 복지관	사회참여 지원사업	어르신 일거리 마련사업
	지역자원 개발사업	자원봉사자 발굴 및 관리 / 후원자개발 및 관리
	지역복지 연계사업	지역복지기관 연계사업
	연구개발사업	홍보사업 / 운영(자문)위원회 / 실습지도 / 직원교육
	데이케어센터	일상생활지원 서비스 / 신체기능 / 의료재활 / 사회심리 / 기타 프로그램
불광 시니어 복지센터	상담사업	이용상담 / 시니어정보상담 / 전문상담
	사회교육사업	컴퓨터교실, 바둑/장기실, 취미/여가교실, 교육프로그램, 서 예실 등
	복리후생사업	이,미용실 / 경로식당 / 밑반찬 배달 서비스
	기능회복사업	물리치료실
	데이케어센터	사례관리 / 위생관리 서비스 / 영양지원 서비스 / 여가복지 서 비스 / 기능회복 체력증진 서비스 / 심리 · 사회치료재활 서비 스 / 특별행사 / 교육연구사업
역촌 시니어 복지관	사회교육사업	문화교육 / 서예 / 정보화교육 / 장기바둑 등
	의료재활사업	물리치료 / 기능회복 / 법인촉탁의진료 재활 및 기능회복사업 / 예방진료사업 / 경로당 방문간호 / 재활자 조모임 운영 재활의지 고취
	자원봉사사업	노력봉사 / 전문봉사 / 학생봉사 / 단체봉사 신규 자원봉사자 교육 강화 / 자원봉사자 활동 관리 / 어르신봉 사단 구성 및 활동 활성화
	종합상담사업	사이버상담 / 집단상담 / 전문상담 / 신규회원 교육
	지역복지사업	프로그램 개발 및 평가 / 홍보사업 / 기관견학사업
	복리후생사업	경로식당 / 이미용 / 양심문고
	재가복지사업	밑반찬 배달 / 무료급식 / 지역자원연계 / 물품지원서비스 등
	데이케어센터	상담 / 의료, 보건서비스 / 기능회복훈련P/G / 임상치료 P/G / 가족지지 P/G / 복리후생 서비스 / 차량지원 서비스 / 취미여 가 P/G / 기타행사

info.

불광시니어종합복지관
http://www.bgsilver.org

역촌시니어복지관
http://www.yc-silver.org

은퇴하고 어디서 어떻게 살까?

[표 23]
시니어복지시설 커뮤니티
프로그램 – 종로구

시설명	사업내용	프로그램
(사)서울 시니어 복지 센터	상담이용	이용상담 / 생활상담 / 연계상담 / 영양상담
	복리후생 서비스	급식서비스 / 샤워서비스 / 이미용서비스 / 생활지원서비스
	생활문화증진 프로그램	시설안전교육(소방훈련) / 영양정보
	의료서비스	기초진료 / 병원에서 찾아오는 진료 / 연계검진 / 재활치료
	건강복지 프로그램	열린건강강좌
	건강 특화사업	건강행원(만성질활 어르신들의 건강관리 프로그램) – 당 뇨·중풍인 건강행원 / 고지혈증 건강행원 건강행원 동아리
	문화맛보기	문화체험 – 우리문화기행, 전국축제체험, 서울역사박문과, 금요예술무대, 공연관람, 서울시내탐방, 기념식행사 취미여가 – 가요무대, 바둑장기, 청각장애인 휴게실, 도서 실, 탁구, 당구, 컴퓨터자율, 서예자율, 영상물상영, 금요예 술무대
	문화바로보기	문화교실 / 인문학아카데미 / 컴퓨터 교실
	문화만들기	동아리 / 봉사회 / 기획행사
	문화 특화사업	시니어의 미디어 역량강화를 위한_시니어 미디어 교육 – 미 디어 기초교육 / 미디어 전문교육 시니어영화제 – 서울 시니어영화제
	시니어일자리	학교급식도우미 / 탑골시나브로 / 또래지킴이 / 취업도우미
	시니어취업 훈련센터	직종훈련 과정 / 창업 과정 / 소양훈련 과정 / 맞춤형훈련 과정
	고령자취업 알선센터	구직상담 / 취업상담, 취업알선 및 사후관리 / 구인처 상담 및 개발/관리 / 고령화 적합직종 개발 / 취업희망자의 욕구나 문 제점에 대한 제반 서비스
	일자리 특화사업	고령자 기업 – 북카페 삼가연정 / 시니어생활용춤점 은빛행 복가게 / 톱 리서치
	자원봉사 교육 프로그램	기초교육 – 자원봉사기초교육 / 자원봉사 보수교육 자원봉사학교
	시니어자원 봉사 특화사업	Top Goal 人(탑골인)문화사랑 – 시니어 주도적·정기적 자 원봉사활동 / 자기주도 역량 강화 탑골(Top Goal)사랑 봉사회 – 종로지역 거리환경개선을 위 한 환경보호실천활동 / 시니어전문자원봉사자 역량 강화 / 시 니어자원봉사자 발굴을 위한 환경교육 / 시민과 함께하는 환 경보호봉사체험

info.

(사)서울시니어복지센터
http://www.seoulnoin.or.kr

시설명	사업내용	프로그램
종로 시니어 종합 복지관	특화사업	즐거운 문화체험 '장터유랑단' / 노년기 자아성찰을 위한 인문학 '찐한 인생사' / 종로토박이와 시인이 함께 걷는 '종로인문학기행' / 시니어자원봉사단 창단 '1인1봉사운동' / 바른자세 걷기운동교실 / 정신건강증진교실 '똑똑이교실' / 장기이용회원 소속감 증진 및 신시니어상 실천프로그램 '종로만이야(MANIA)' / 임종준비프로그램 "아름다운 준비" / 나눔을 실천하는 농부양성 project '도시(都市)락(樂)' / 효사랑 시각장애인 안마서비스 / 기업사회공헌과 함께하는 '9988장수잔치'
	상담사업	회원관리 / 회원조직화 / 상담 / 집단상담
	재가복지사업	사례관리 – 기초사정, 사례회의, 사례관리 점검 및 평가, 재가상담, 실무자간담회 종로NETwork(지역사회 주민조직을 통한 재개발지역 저소득 홀몸어르신 통합지원 프로그램) – 기초건강지원, 주거환경개선, 집단프로그램, 사후모임, 월례회의, 소양교육, 주민연계방문서비스 생활편의지원 – 도시락지원, 밑반찬지원, 목욕서비스, 세탁서비스, 발마사지, 문화체험, 만족도 및 욕구조사 시니어돌봄 기본 서비스 사업 – 사례관리, 시니어돌보미관리, 안전확인, 생활교육, 서비스연계
	사회교육사업	"활기찬" 여가활동 / "학습의 즐거움" 사회교육(기본과정) / "깊고 진한 맛" 사회교육(특성화과정) / "주체적인" 동아리 / "문화를 나누는" 특별행사 / "실천하는 삶" 시니어자원봉사
	시니어일자리 사업	공익형 – 학교급식도우미 '사랑한주걱' / 스쿨존교통지원사업 '길동무' / 영유아보육도우미 '도담도담' / 도서관도우미 복지형 – 도시락배달도우미 / 시니어복지도우미 / 무료급식지원사업 교육형 – 종로훈장 시장형 – 생과일쥬스, 커피, 차, 특산품 등 판매 / 플러스 카페
	경로당 활성화사업	임원역량 감화 / 여가지원 / 건강지원 / 생활지원 / 지역사회 소통
	의료지원사업	진료실 프로그램 – 건강관리, 진료, 검진, 대체의학, 건강지원, 자원봉사관리 물리치료실 프로그램 – 물리치료, 재활운동 한울타리(치매어르신 주간보호) 프로그램 – 상담, 신체재활, 의료보건관리, 사회심리재활, 후생사업, 정서지지서비스, 부양가족지원

info.

종로시니어종합복지관
http://www.jongnonoin.or.kr

시설명	사업내용	프로그램
약수 시니어 종합 복지관	상담사업	회원관리 - 접수 및 등록, 종결조사, 신입생환영회 일반상담 - 이용상담, 민원상담 전문상담 - 영양상담, 법률상담, 세무상담
	가정봉사원 파견사업	요보호대상자관리 - 맞춤형 상담, 대상자선정위원회 생활지원사업 - 영양식 배달서비스, 밑반찬 배달서비스, 영양간식 지원, 국배달 서비스, 클린119 세탁서비스, 가정봉사원파견, 효특구 청소년 봉사대 주거환경 개선사업 - 주거시설개선 서비스, 해피클린하우스 사랑나눔 반딧불사업 - 무료 이미용서비스, 결연후원금 지급, 후원품 지원, 사랑의 난방비 지원, 사랑의 김장김치 나누기 지역협력사업 - 디딤돌 사업, 명절행사, 대외추천협력 사업, 행복나들이, 문화생활 지원
	홍보사업	인쇄물제작(소식지 제작, 홍보물 제작) / 언론홍보(기사회, 의뢰) / 온라인홍보(홈페이지관리, 이메일링홍보) / 모바일 이용안내 / YBS방송국 운영
	제3의 인생을 위한 서울중구 시니어 평생 교육대학교	평생교육대학 / 외국어대학 / 사회대학 / 미술대학 / 예술대학 / 음악대학 / 건강스포츠대학 / 전문자격 양성대학 / 인문학 아카데미
	제3의 인생을 위한 서울중구 시니어 평생 교육대학클럽	여성시니어인권지킴이, 우리춤체조동아리, 난타동아리, 라인댄스동아리, 밸리댄스동아리, IT시니어기자단, 부부관계개선 클럽, ITQ학습 클럽, 신바람 노래클럽, 장구민요 클럽, 바둑장기클럽, 삼각스텝클럽, 판소리클럽, 붓글씨클럽, 연극 클럽, 인형극클럽
	경로당운영 혁신사업	여가취미교육 지원사업 / 시니어인권 증진사업 / 맞춤형건강 지원사업 / 경로당관리사업 / 생활지원사업 / 지역복지 협동사업
	사회공헌 활성화사업	보건의료공헌 / 상담공헌 / IT 공헌 / 학습지도공헌 / 노력 및 케어공헌
	복리후생사업	이·미용실(좋은느낌 이·미용실) / 경로식당(밥이랑 찬이랑)
	기능회복사업	기능회복사업 - 재활통증관리 / 상담사업 / 조사연구 / 지역의료협력사업 / 재활 집단치료 체력증진사업 - 체력단련실 이용 / 몸짱헬스 프로젝트
	지역복지 협동사업	조사 연구사업 / 운영·자문 / 교육 및 실습 / 기타
	경로당운영 혁신사업	여가취미교육 지원사업 / 시니어인권 증진사업 / 맞춤형건강 지원사업 / 경로당관리사업 / 생활지원사업 / 지역복지 협동사업
	시니어돌봄기본 서비스사업	시니어 돌봄이 관리 / 독고시니어 안전확인 / 독거시니어 생활교육 / 현황조사 / 서비스연계 / 사례관리 / 욕구·만족도 조사 / 독거시니어건강지킴이 / 긴급구호 SOS지원사업

[표 24]
시니어복지시설 커뮤니티 프로그램 - 중구

info.

약수시니어종합복지관
http://www.yssenior.co.kr/

시설명	사업내용	프로그램
약수 시니어 종합 복지관	시니어돌봄종합 서비스사업	신변·활동지원 − 식사도움, 세면도움, 체위변경, 옷 갈아입히기, 구강관리, 신체기능의 유지, 화장실 이용도움, 외출동행, 목욕보조 등 가사·일상생활지원 − 취사, 생활필수품 구매, 청소, 세탁 등
	시니어일자리 사업	공익형 − 복지시설도우미, 초등학교 급식도우미, 도서관 사서도우미 교육형 − 보육교사도우미, 시니어전문 강사단, 시니어스마일, 생활의 달인 복지형 − 독거시니어 홈헬퍼, 해피프렌즈, 안심지원센터도우미 인력파견형 − 경비원 파견, 청소, 미화원 파견 시장형 − 제조판매, 공동작업장
	홀로사는시니어 전수조사 관리사업	대상자 관리 − DB전산입력 및 갱신, 사례관리, 조사연구 서비스 − 서비스조정 및 관리, 위기시니어 안심콜서비스, 지역자원개잘 및 서비스 연계
	신당6동 시니어복지관	건강스포츠대학(건강생활학부, 무용학부) / 기초문해교육대학 / 외국어대학 / 예술대학 / 평생교육대학클럽 / 건강증진실 / 경로당 등
	고령자취업 알선사업	회원가입 / 취업알선 / 사후관리 / 취업교육 / 홍보 / 구인처 개발
	특화사업	휴대폰 활용교육 / 중입검정고시 / 고입검정고시 / 시니어연극동아리 / 정보소외계층 잡합정보화교육 / 시니어드림 합창단 / 해피클린하우스 / IT 어르신 봉사단 / 주거환경개선 사업 / 어르신생활체육활성화사업

시설명	사업내용	프로그램
(시)중랑 시니어 종합 복지관	특화사업	희망찬 걸음 / 중랑평생학습관 / 꿈꾸는 무지개 마을 / 중랑 교통지킴단
	상담 · 홍보사업	상담사업 - 이용상담 / 법률상담 / 생활상담 홍보사업 - 각종 홍보물 제작 / 홍보활동
	지역복지 협동사업	조사연구사업 / 직원교육 / 실습지도
	사회교육사업	사회교육 및 정서함양 / 취미여가 및 건강증진 / 시니어정보화 / 동아리 / 특별행사
	재가복지사업	"재가복지사업 - 가정봉사단파견사업 / 생활지원사업 / 밑반찬 지원사업 / 주거환경개선사업 / 특별행사시니어돌봄기본서 비스(독거시니어생활파견사업) 독거시니어 원스톱 지원센 터 - 정보관리 / 서비스 관리 / 기본 서비스 제공 / 서비스 연 계독거시니어 생활관리사 파견사업 - 시니어돌보미 양성교 육 / 독거시니어 안전확인 / 생활교육 / 복지서비스 연계 / 사 례관리위기상황 지원사업 '인큐베이팅' - 생활지원 / 의료지 원 / 주거지원"
	기능회복사업	물리치료실 / 웰빙건강센터 / 건강관리실
	경로당 활성화사업	경로당 관리 / 여가지원사업 / 생활지원사업 / 특별행사 / 지역 교류사업 / 특화사업
	복리후생사업	참사리터(경로식당) / 이 · 미용실 / 목욕탕
	고령자취업 알선센터 / 시니어일자리	고령자 무료 취업알선 - 구직자, 구인처 등록 / 상담 / 교육 / 취업알선 / 사후관리 시니어일자리사업 공익형 - 초등학교 급식도우미사업 '영양지키미' 교육형 - 전문강사파견사업 꿈자람(1-3세대 강사파견) / 늘 푸른교실 노-노강사파견 복지형 - 거동불편시니어 '행복드림' 돌보미파견사업 시장형 - 늘푸른 공동작업장
	데이케어센터	안심케어 서비스 - 건강관리 / 청결 · 위생관리 / 생활지원 전문치료 프로그램 - 신체재활 / 심리재활 / 취미여가 / 기능 회복 / 정서지원
신내 시니어 종합 복지관	상담사업	회원등록 및 이용상담 / 개별생활심리상담 / 전문상담 및 집 단상담 / 시니어학대 및 인권프로그램
	사회교육사업	취미여가프로그램 / 건강증진프로그램 / 정서함양프로그램 / 교양교육프로그램 / 정보화교육프로그램 / 자치활동프로그램 / 특별행사
	재가복지사업	대상시니어관리사업 / 가정봉사원파견사업 / 무료급식사업 / 건 강지원사업 / 정서지원사업 / 경제적지원사업 / 생활지원사 업 / 주거환경개선사업 / 특별행사 / 지역연계사업 / 양친가 정맺기 / 기타사업

[표 25]
**시니어복지시설 커뮤니티
프로그램 - 중랑구**

info.

(시)중랑시니어종합복지관
http://eorsin.com

신내시니어종합복지관
http://www.shinnaesenior.or.kr

시설명	사업내용	프로그램
신내 시니어 종합 복지관	경로당운영혁신 사업	건강증진사업 / 평생교육사업 / 정서지원사업 / 문화예술사업 / 생활지원사업 / 여성어르신전문봉사단 / 지역교류사업 / 임원진리더십사업 / 특별행사 / 강사관리사업 / 경로당관리
	시니어일자리 사업	공익형 - 초등학교 급식 도우미 교육형 - 1·3세대 강사파견 사업 복지형 - 거동불편 시니어 돌봄지원사업 인력파견형 - 가사·육아 도우미 파견사업
	지역복지 협동사업	지역조사 / 시니어문화행사 / 개관행사 / 지역·교육·연구 / 중랑복지커뮤니티 / 운영위원회
	보건의료사업	건강상담실 - 한방진료 / 청력검진 및 보청기 수리 / 골다골증 검사 및 관절검진 / 치매선별검진 / 정신건강상담 / 치과이동진료 / 전립선 검진 / 건강검진
	기능회복사업	물리치료실 / 체력단련실 / 안마서비스
	복리후생사업	경로식당 / 이미용서비스
	데이케어센터	어르신 주·야간 보호서비스
중화경로 복지관	데이케어센터	맞춤케어 서비스 - 건강지원서비스 / 치매대응서비스 / 기능회복서비스 / 여가지원서비스 안심케어 서비스 - 청결·위생관리 / 건강체크관리 / 생활지원관리
	사회교육사업	취미여가 프로그램 / 건강증진 프로그램 / 교양교육 프로그램 / 평생교육연계 프로그램
	정서함양사업	취미여가 동아리 / 특별행사 / 어르신나들이 / 자연녹화사업
	복리후생사업	이미용서비스 / 경로식당서비스
	기능회복사업	건강문진서비스 / 건강증진서비스 / 물리치료서비스 / 운동치료서비스
	지역복지 협동사업	지역복지협동사업 / 보조인력지원사업 / 실습
	무료급식사업	결식우려가 있는 어르신 경로식당 무료이용
	특화사업	지역사회특화사업 / 지역재가사업 / 어르신문화탐방 / 기업사회공헌활동

info.

중화경로복지관
http://www.jhwelfare.or.kr

우측 이미지 출처
서울시니어복지센터 홈페이지
http://www.seoulnoin.or.kr

은퇴하고 어디서 어떻게 살까?

사업	합계
상담사업	
정서생활 지원사업 (상담)	41
한국노인의전화	4
노인전문상담센터	1
상담사업	
사회교육사업	35
(노인)정보화교육사업	2
평생교육사업	11
평생교육 및 취미여가지원사업	2
평생학습관사업	1
생활문화증진 프로그램(어르신 인문교육)	1
교육지원사업	
사회참여 지원사업	4
경로당지원사업 (특별활동)	2
도우미사업	
경로당운영혁신사업	8
경로당 활성화사업	23
어르신나눔활동 운영 (소득창출사업 / 여가프로그램 운영 / 지역자원관리 / 돌봄)	1
노인일자리사업	35
고용 및 소득지원사업	2
시니어협동조합	
고령자취업알선센터	25
노인취업훈련센터	1
광역노인만화센터	1
신노인복지센터	1
문화여가복지, 문화배우기, 문화만들기	1
사회참여사업	
재가복지사업	29
재가노인지원사업	1
가정봉사원 파견서비스	5
노인돌봄기본서비스	13
노인돌봄종합서비스	7
독거노인 U-보살핌센터	4
아동복지사업 (건강증진포함)	2
가족기능 및 통합지원사업	2
차세대노인가족지원사업	1
회원플러스·문가족통장	1
사회관리사업	
재가복지사업	
건강증진사업	5
의료(복지)지원사업	2
의료비지원사업	3
보건의료사업	2
건강교실사업	2
기능회복사업	29
의료재활사업	1
재활복지사업	1
건강관리사업 (건강증진 기능회복)	2
건강관리지원사업 & 재활사업	1
건강생활증진사업	
의료서비스	
진료서비스, 원격진료사업	

이번 장에서는 서울시 시·구립 시니어종합복지관을 비롯한 시니어복지센터를 중심으로 조사하였다. 수십여 가지 여러 곳에서 시니어를 위한 복지공간을 마련하여 다양한 사업명으로 프로그램을 진행하고 있었다. 이 중 체계성을 가지고 여러 항목으로 다양함을 내포한 복지센터로 추려 50개로 정리하였다. 각 조사된 내용을 나열하여 유사항목에 따른 재구성을 통한 활동범위에 맞추어 프로그램을 분류하였다. 또한 각 항목별 가장 많이 적용한 사업별 통계를 통해 살펴보도록 하였다. 각 운영되는 항목들에 '사업'으로 지칭되어 명명방식을 취하고 있었다. 분류항목을 정리하여 본 결과 크게 10가지로 나열되었다. '1. 상담사업, 2. 교육지원사업, 3. 사회참여사업, 4. 재가복지사업, 5. 건강·의료사업, 6. 요양사업, 7. 복리후생사업, 8. 특화사업, 9. 지역연계활동사업, 10. 홍보 및 조사연구사업'으로 구분지어 정리되었으며 통계상 교육지원사업분야에서 여러 교육 관련 분류가 가장 많이 나타났고 활발히 진행되고 있었다.

재가복지사업에서도 활발한 사업이 이루어지고 있었으며 건강 중심의 의료 및 재활서비스가 여러 곳에서 준비되어 운영되고 있었다. 특화사업 및 지역연계활동을 통해 자원봉사 및 후원, 홍보 등이 이루어지며 지역사회개발에 주력을 둔 항목도 두드러졌다. 위 10가지 정리된 항목은 시니어 활동범주 내 콘텐츠를 이루기에 중요한 요소로 이해될 수 있으며 노년기를 가치 있는 삶으로 지낼 수 있는 복지서비스가 필요함을 검토할 수 있었다. 이러한 기준이 되는 통계결과는 시니어의 삶에 혜택부여 가치를 지닌다.

은퇴 이후 연계성을 가지며 사회에 참여하는 긍정적 활동을 이루도록 지원하는 시스템이 절실히 필요하다고 여겨졌다. 덧붙여, 각 구립에서 이루어지는 이러한 복지서비스의 가장 큰 어려운 점은 홍보 및 접근성으로 나타났다. 시니어가 정보를 얻기에 한정적인 여건과 동선이 길어지면 참여하기가 쉽지 않음을 조사결과 나타났다. 주거영역에서 근거리 접근에 위치하는 장소성이 요구됨과 동시에 습득하기 쉬운 정보체제가 필요함을 알 수 있었다. 따라서 시니어에게 공동체 생활은 주거영역 내에서 빠르고 쉽게 정보를 취하고 시니어 간에 교류가 빈번하게 이루어지도록 하는 것이 참여도를 높일 수 있다고 여겨진다. CCRC가 이러한 환경을 구축하여 가장 즐겁게 활동하는 시니어 라이프를 지향할 수 있을 것이라 본다.

3장 시니어의 적극적인 삶을 위한 주거환경

- 시니어가 머무는 곳
- 타운하우스 개념의 현대 정주지
- 시니어에게 CCRC의 가치
- 시니어를 행복하게 하는 CCRC

※ 좌측 이미지
Phoenix, USA _ Parkway in Scottdale CCRC

3장 시니어의 적극적인 삶을 위한 주거환경

■ 시니어가 머무는 곳

    어떻게 어디에서 무엇을 하며 노년기를 보낼 것인가는 은퇴시기를 맞이하며 고민스러운 숙제이다. 자신의 전문적인 고정업무로부터 벗어나 여가시간이 많아지고 자녀들과의 분리된 삶 그리고 배우자와의 생활 속에서 어떻게 지내는 것이 열심히 그리고 힘들게 젊음을 보내며 지낸 것에 대한 가치를 느끼게 하는가? 노후준비는 늙는 것에 대한 종합대비이다. 이를 위해 은퇴시기 이전에 노후대비(수입증대와 자기계발) 및 평생일거리준비(취미, 봉사, 평생교육, 창업)를 고려할 것을 '노후준비의 경제학 칼럼'에서 언급하고 있다. 또한 시간의 효과를 보려면 지출을 줄이고 자기계발은 하루라도 빨리 시작해야 한다고 하였으며 건강해도 노후프로그램이 없으면 쓸쓸하므로 노후를 재미있게 보낼 프로그램이 필요하다고 하였다. 노후프로그램은 노후 일거리, 여가활동, 취미생활, 노후인간관리, 노후봉사, 편안한 죽음맞이(호스피스) 등 다양한 분야를 상정하고 정보를 얻고 지속적인 준비를 해야 함을 중요하게 짚고 있다. 더불어 노후준비의 오감(五感)도 노후준비를 하려면 오감을 활용할 것을 조언하며 오감(五感)은 눈으로 보고 느끼는 색감각(시각), 소리를 듣고 느끼는 소리감각(청각), 냄새를 맡고 느끼는 향기감각(후각), 맛을 느끼는 맛감각(미각), 피부로 감촉을 느끼는 촉감인데, 이러한 오감 활용을 통해 짜임새 있는 노후준비가 필요함을 전달하며 향기롭게 인생을 마치려면 지금부터 무엇을 해야 하고, 제2의 인생 중심을 어디에 두고 살 것인지, 세상의 변화를 피부로 느끼면서 새로운 인생좌표 설정이 이루어져야 함을 알리고 있다.[2] 이에 따라 앞서 언급된 자기계발을 통하여 가치 있는 삶으로 느낄 수 있도록 여가시간을 활용할 수 있는 다양한 프로그램들이 제공되는 생활권의 주거환경이 시니어들에게 절실히 필요하다. 현재 공동주택단지 내에서 커뮤니티공간이 만들어지고 주민들이 활용하도록 개방된 시설을 갖추어 가고 있는 추세이다. 단, 시니어들의 심리와 행동 및 신체적 노화현상 등을 고려하지 않아 그들에게 활용가치가 높지 않은 점이 문제로 나타나고 있다. 여러 세대가 공유하여 고립되지 않는 어울림이 있는 커뮤니티임과 동시에 시니어들에게 맞는 세심한 배려와 특성을 고려한 적합한 프로그램들이 전문가에 의하여 동시에 준비되어 적용되는 것이 바람직하다.

시니어들의 윤택한 삶을 위하여 '메트라이프 MMI연구소' 디렉터인 '존미글리아치오'[3]는 "안정적이고 행복한 은퇴생활을 위해 자산을 다변화하고 이웃사회와 활발하게 교류하라"고 조언하며 은퇴 뒤 삶의 기쁨을 유지하는 방법으로 "커뮤니티(지역사회)로 돌아가라"고 권했다. 이는 어울림이 있고, 공유된 생활에서 활력을 얻고, 고독감과 외로움 등의 노년시기에 겪을 심리적 우울증상을 줄이고, 발전적 생활을 유지하도록 권유하는 것으로 해석된다. 동질성을 가지며 같이하는 즐거움과 나눔을 이루는 장소가 근본적으로 이루어져야 한다고 여겨진다. 시니어가 머무르는 장소는 그들에게 필요한 프로그램과 시간활용 가치가 높은 활동을 유도하는 환경을 제공하여야 한다. 시니어들에게 필요한 환경을 이해하기 위하여 노후설계가 어떻게 이루어져야 올바른 방향을 설정할 수 있는지 노년시기를 위한 준비물 챙김을 우선적으로 살펴보고자 한다.

시니어들이 고려하는 사항들이 무엇인지 또한 중요하게 여기는 것이 무엇인지를 보면, 건강(55.4%)을 첫손에 꼽았다. 이어 가족이 11.7%였고, 일자리(10.4%), 자산(10.4%), 문화 및 여가(7.8%), 재능기부등 나눔(4.0%) 순이었다. 또한 전체 응답자의 67%는 100세 인생을 준비하고 있었지만 그렇지 않다는 대답도 33.0%에 달했다.[4] 이는 노년준비를 이루는 시니어가 증가하고 있고 자신들을 위한 중요한 요소들이 무엇인지 고려하고 있다는 것을 알 수 있다. 그들이 자신의 안정적이고 즐거운 노년기를 위하여 필요한 것들을 찾아가고 환경적 중요성을 인식하고 있다는 것도 추론하여 볼 수 있다. 통계적으로도 알 수 있지만 실제로 많은 시니어분과의 대화 중 건강을 고려하여 의료서비스가 빠르게 대응되며 여가가 가능한 주거환경을 대부분 선호하고 있음을 알 수 있었고, 이를 위한 대책 마련이 시급함을 인지할 수 있었다.

　서울시에서 서울시니어인구 100만(2010년 말 기준), 고령화 친화 도시를 만든다고 공표[5]하였다. 서울시 시니어인구의 증가에 따라 2028년 200만 명 진입을 예상하며 초고령화 사회를 위한 계획으로 보여진다.

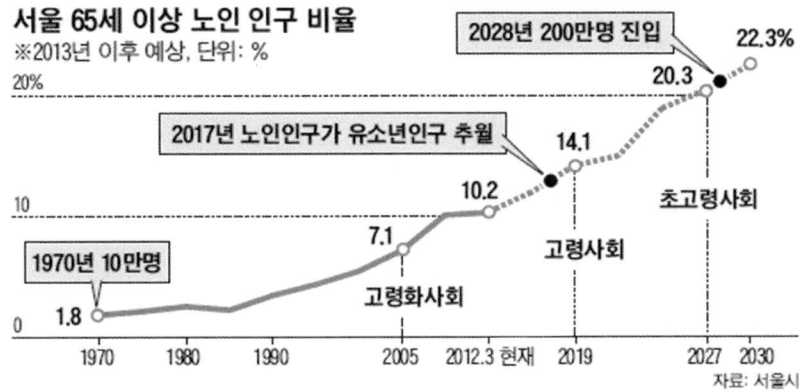

서울 65세 이상 노인 인구 비율
※2013년 이후 예상, 단위: %

"실제주거시설은 시니어의 신체적 특성을 고려하지 않아 고민이 많다고 보고 이런 문제를 상담하고 지원하는 시니어 전용 '주거지원센터'도 2014년부터 설치 · 운영할 계획이다. 고령자에 적합한 최저 주거기준이나 최소 안전기준을 설정하고, 고령자 가사는 기존 주택에 시니어편의 설비를 들이는 데 드는 비용 등을 지원할 계획이다. …중략… 다양한 여가프로그램도 개발하고, 2013년부터 시니어종합복지관에서는 복지관별로 '1복지관 1운동' 특화사업을 벌인다. A복지관은 배드민턴, B복지관은 에어로빅 등 지역별로 프로그램을 특화해 교류하면서 복지관을 활성화한다는 전략이다. 또 건강한 시니어과 그렇지 않은 시니어이 서로 보살피며 여가도 보내고, 치료도 받을 수 있는 다기능 시니어종합복지관도 세우며, 요리교육이나 문화 · 미술 강좌 등 다양한 인문교육강좌를 확대, 2013년 3450명, 2015년 4100명 등 이용대상자를 늘릴 예정이다."

위와 같은 내용을 미루어 보아 주거기준의 변경이 필요하고 이에 따른 수정과 활동사항을 고려한 다양한 프로그램들이 주를 이룸을 알 수 있다. 이는 환경적측면이 중요함을 알 수 있는 것과 동시에 교류가 가능한 활동참여를 유도하며 시니어들이 지속적인 생활을 지원하는 컨텐츠들이 내포되어야 함을 알 수 있다.

시니어의 가구의 형태가 '시니어독거는 19.6%, 시니어부부는 48.5%, 자녀동거는 27.3%로 시니어단독가구의 비중이 증가한 반면 자녀동거 비율은 급감했다'[6]는 사회적 현상을 시사하며 실제적으로 시니어 부부 중심의 거주공간을 고려한 디자인이 반영되어야 함을 인식할 수 있다. 더불어 지출항목으로는 주거관련비가 43.0%로 가장 많았고, 보건의료비(24.7%), 식비(12.0%) 순으로 나타났으며 여가생활로는 거의 모든 시니어(99.0%)이 TV시청을 꼽았는데 일평균시청 시간은 3.8시간이나 됐다. 이 외의 여가활동으로는 화투 · 카드(26.9%)가 많았다[7]는 점으로 볼 때 시니어의 지출분야 및 활동영역에서 고려하는 부분을 참고하여 거주형태에 내포하여야 할 것이다. 오랫동안 습관적으로 생활을 이루며 자신만의 영역을 구축하여 온 시니어들에게 적합한 환경을 형성하기 위하여는 복지, 사회 · 문화, 의료, 디자인 등 관련 전문가의 의견과 자문을 충분히 반영하여야 올바른 생활을 이룰 수 있을 것이다.

시니어가 머무는 공간에 어떠한 기능들이 있어야 그들에게 좋은 환경이 제공될 수 있을까? 우리나라에 복지관, 병원, 요양원을 비롯한 다양한 문화체험시설 등 고령화에 따른 시설들이 즐비하게 이루어 나가고 있다. 단, 각 시설들이 연계되어 있거나 근거리의 밀집되어 있지 않아 사용자에게 불편함과 접근성에 불리한 경우가 종종 나타난다. 인터뷰에 의한 시설에 대한 인식은 '시니어시설은 여기저기 흩어져 있어 이용자가 발품 팔며 돌아다니는 게 당연한 줄 알았다'[8]라고 응답하며 복지관 따로, 병원 따로, 문화시설 따로, 요양원 따로 되어 있는 실정에 개선책이 필요함을 시사하였다. 앞으로 진행될 미래형 시니어도시 방향은 사용자 중심의 및 편리한 접근성과 빠른 대응이 가능한 시설 중심의 밀집형이 바람직하다. 특히 생활환경이 이루어지는 주거단지 내에서 시니어 대상인 입주자가 다양함을 체험함과 동시에 많은 것을 해결할 수 있는 조건이 갖추어져야 높은 만족도가 이루어질 수 있다. 이를 위하여 시니어를 위한 주거환경은 지속성을 가지며 노후생활을 긍정적으로 설계할 수 있도록 지향하여야 한다.

선진국 시니어 라이프의 공통점은
노화예방 및 가치 있는 노년생활에 대한
체계적인 프로그램을 제시하고
있다는 점이다.

무조건적인 복지를 위한 방법론보다 여가를 위한 시니어 스스로에게 맞는 활동을 찾도록 참여 가능한 제안을 하는 것.

시니어들에게 맞는 세심한 배려와 특성을 고려한 적합한 프로그램들이 전문가에 의하여 동시에 준비되어 적용되는 것이 바람직하다.

■ 타운하우스 개념의 현대 정주지

타운하우스는 도시 내 주택 의미를 내포하며 공동정원에 연속된 저층으로 건축된 주택의 개념을 지닌 공동단지를 일컫는다.[9] 타운하우스의 특성 중 중요한 사항이 여러 세대가 모여 이웃 간의 커뮤니티와 친목 도모가 원활한 장점을 꼽을 수 있으며 안전보안성이 높은 것을 들 수 있다.[10] 다시 말하면 아파트 타입과 같은 공동주택단지에서 커뮤니티와 교류가 첨가된 작은 타운이 이루어진 경우로 재해석될 수 있다. 타운이라 함은 작은 도시와 같은 개념으로 생활에 필요한 문화 및 사회적 교류를 이루는 기본적인 사항들이 갖추어진 것으로 단순히 주거공간이 모여진 것과는 큰 차별성을 가진다.

특히, 시니어는 동질성을 고려한 집단화로부터 심리적 안정과 공유가 필요한 세대이므로 타운하우스 형태의 주거단지화가 적합하다고 여겨진다. 단, 노년기에 들어선 시니어들만 거주가 이루어진 요양원과 같은 시스템이라면 살아있는 묘지와 같은 미래가 두려운 타운이 될 것이다. 생동감과 움직임이 지속적으로 유지되는 단지가 사람을 위한 장소이다. 이를 위하여 타운을 고를 시 유의점을 사용자 중심에서 우선 살펴볼 수 있다. 크게 네 가지 유의점을 들어 중요사항[11]을 검토해 보도록 하자.

① 라이프 스타일을 고려하라

라이프 스타일은 대도시의 각종 문화시설과 편의시설을 적극적으로 이용하고 여러 사람들과 활발하게 교류하면서 사는 '도시생활형'과 한적한 전원생활을 만끽하려는 '전원생활형'으로 나눌 수 있다. 도시생활형인 사람은 도심형 시니어타운을, 전원생활형인 사람은 전원형 시니어타운을 택하면 된다. 도시 근교형 시니어타운은 도심형과 전원형의 장단점을 동시에 갖고 있으므로 어느 쪽에 더 가까운지 따져봐야 한다.

② 노후 현금흐름을 따져라

은퇴 후엔 정기적으로 꼬박꼬박 들어오는 안정적인 현금 흐름이 매우 중요하다. 그래서 필요한 게 평생소득(lifetime income) 개념이다. 평생소득은 자신이 아플 때나 건강할 때나 월급처럼 매달 안정적으로 나오는 소득을 말한다. 국민연금, 퇴직연금, 개인연금 등 연금이 가장 대표적인 평생소득이다. 시니어타운은 아파트처럼 분양을 받는 분양형과 임대형이 있다. 거액을 주고 분양을 받을 경우엔 평생소득을 확보하는 데에 어려움이 있을 수 있다. 임대형은 입주 보증금을 내고, 매월 생활비를 지급해야 한다.

③ 믿을 만한 운영 주체를 골라라

'100세 시대'가 현실화되고 있다. 60세 은퇴자라면 향후 40년간 그곳에 살 수 있다는 생각을 해야 한다. 오랜 시간을 살 곳이므로 시니어타운을 운영하는 주체가 믿을 만해야 한다. 특히 분양형 시니어타운이라면 분양이 끝난 뒤에도 수십 년간 안정적으로 서비스를 받을 수 있는지 살펴야 한다.

④ 젊은이와의 교류 여부를 따져라

노후 생활의 커다란 위협요인 중 하나로 사회적 고립(social isolation)의 위험이 꼽힌다. 고령자들만 모여 사는 시니어타운에선 사회적 고립의 위험이 더 커질 수 있다. 인근의 젊은 주민들이 이용할 수 있게 개방함으로써 고령의 입주민들이 젊은이들과 자연스럽게 어울릴 수 있는 기회를 제공하고 있다.

기고된 위의 네 가지 요소를 통해 정리해 보면, 생활습관 및 지향하는 양식에 따라 환경을 고려할 것을 우선적으로 꼽았다. 다음으로 물리적인 금전상태의 유지가 가능한 주거형태를 선정해야 하는 것으로 재정적 상태를 고려하여야 함을 알 수 있다. 또한 은퇴 이후 새로운 삶이 이루어짐과 동시에 노후생활의 지속성을 숙고하여 신뢰할 수 있는 운영체제를 살펴야 하는 것도 중요한 사항이다. 마지막으로 인간이 성장하는 과정에서 각기 다른 세대가 어울려 지내는 것이 순리이고 삶의 자연스러운 순환적 체계이다. 단편적인 세대의 고립적인 단지는 죽은 도시로 이어진다. 따라서 3세대가 어울리는 융합된 구성으로 좋은 단지를 이루는 것이 가장 근본적인 것으로 여겨진다. 이는 공동체 주거단지를 이끌어 가는 사용 주체가 무척 중요하다.

신도시가 형성되어 가면서 주거의 향상된 환경을 제공하려는 지자체의 노력이 꾸준히 이루어지고 있다. 이는 사회 · 문화적 반영과 미래적 지향이 추구되어야 함을 알 수 있으며 생활의 개선이 이루어진 도시의 활성화를 위한 것으로 볼 수 있다. 타운을 구축하는 커다란 역할이 주생활권에 해당하는 영역이 된다. 생활의 윤택함이 갖추어져야 사람들이 모이고 활발한 교류가 이루어지면서 도시는 발전해 간다. 이러한 까닭에 새롭게 구축되거나 재개발되는 도시는 충분한 미래적 가치를 염두에 두고 설계를 하여야 한다. '특별계획구역'으로 지칭하며 주거의 품격을 높이는 키워드를 내세운 동탄 2신도시[12]의 경우를 보면, 고품격 주거공간을 위한 커뮤니티를 비롯한 문화접목 및 의료복지가 준비된 도시를 앞세웠다. 이는 촉구하여야 할 새로운 라이프스타일 개념을 보여 주는 사례가 아닐까 한다. 또한 '다양한 여가활동을 공유하는 신주거공동체가 형성되기를 기대'하는 신도시 방향을 보여 주는 것과 주거단지를 비롯하여 도시가 갖추어야 하는 필요한 개요들을 알 수 있다. 중요한 마지막 사항으로는 시니어세대의 다양한 삶의 형태를 반영한 특화시설과 의료시설, 시니어복지시설 등 도시 자체가 미래 고령화 사회에 대비하고 시니어세대를 지원하는 새로운 개념을 내포하며 지속적인 삶이 가능한 도시개념을 강조하고 있다.

은퇴하고 어디서 어떻게 살까?

인간은 사회적 동물임과 동시에 나이가 들어가며 수십 년을 살아가는 생명체이다. 기본적인 두 가지 본질성을 잘 파악하면 무엇이 인간을 위한 현대도시에 적합한 주거환경인지 그 방향성이 나타나지 않을까.

존칭되는 사회경력자의 의미를
내포할 수 있는 '어르신'의
의미인 '시니어(senior)'로
지칭.

Continuing Care
Retirement
Community(CCRC)

연속보호체계형
시니어주거시설

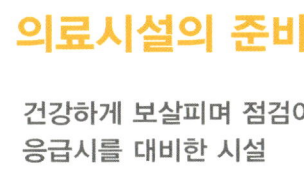

의료시설의 준비

건강하게 보살피며 점검이 가능한 전문의료진의 구성과
응급시를 대비한 시설

다양한 콘텐츠 구성

여러 가지 프로그램의 형성으로 즐거움과 정서적 안정을
주는 교류 증진

여러 타입의 식단과 음식문화

영양섭취를 비롯한 후각, 시각, 미각을 고려한 음식 제공

자연환경 유입

정서적 안정감을 주는 자연환경과의 연계를 통한 편안한
휴식처 제공

부대시설 및 생활보조 서비스 시스템

부대시설 마련과 용이한 접근성, 쾌적한 환경 유지 및 생활
의 편의 서비스 제공

■ 시니어에게 CCRC의 가치

Continuing Care Retirement Community(CCRC)가 우리말로 정돈된 언어체계로는 '연속보호체계형 노인주거시설'[13]로 지칭되어진다. 지속적인 관리가 이루어지는 은퇴자들을 위한 공동체의 의미가 내포되어 있는 생활환경을 그대로 풀이하여 선진국에서는 명명하여 사용하고 있다. 이러한 단지가 형성하기까지 '시간의 흐름에 따라 변화하는 시니어의 요구를 충족시키기 위해 의존 단계에 따른 주거와 서비스를 융통성 있게 포괄적으로 제공하는 계획된 커뮤니티'[14]가 준비되어 은퇴시점 이후 기존으로부터 연속선상의 삶이 유지됨과 동시에 안전을 비롯한 노화에 따른 보살핌이 필요한 고령화에 대비하기 위함이다. 이러한 사회적 현상을 선진국에서는 미래사회에 대응하여 구축을 이루어 오랜 시간 이미 실행하고 있다.

여기서 매우 중요한 사항을 먼저 짚어 보면, 연속적인 삶의 유지를 위하여 CCRC의 첫번째 조건은 의료시설의 준비이다. 노년기에 이르는 시니어들을 건강하게 보살피며 점검이 가능한 전문 의료진의 구성과 응급시를 대비한 시설을 갖추는 것이 CCRC의 기본사항이다.

다음으로 중요한 것이 다양한 콘텐츠가 마련된 공동체 생활의 가능성 여부이다. 정서적 안정감과 교류를 통한 의미 있는 생활 유지에 적합한 여러 가지 프로그램의 형성이 이루어져 즐거움을 가지도록 하여야 한다. 이는 활동을 유도하는 움직임을 주는 역할과 동시에 건강한 심신을 위한 필수조건이다. 노년기에 염려되는 건강 관련 정보 및 프로그램 제공은 걱정을 덜고 준비하는 자세를 갖추게 하여 시니어들을 활동하게 하는 원천이 되기도 한다. 적합한 프로그램을 형성하고 이에 활동을 가질 수 있도록 공간 마련이 전문가에 의하여 형성되어야 한다.

하루 세끼를 위한 식 · 음료와 관련하여 체계적인 식단과 여러 타입의 음식

문화를 구비하여야 한다. 매일 세 번 이상의 섭취가 가능한 장소에 대한 전문가의 제안을 숙고하여 지루하지 않으며 즐겁게 식사할 수 있는 여건을 마련하여야 한다. 이는 선진국 CCRC 현장답사를 통해 더욱 절실히 느낄 수 있었다. 영양섭취를 비롯하여 후각적, 시각적, 미각적 등의 오감에 해당하는 즐거움이 음식에서 비롯되기 때문이다. 먹는 즐거움은 생활을 유지하는 데 큰 역할을 한다. 하루의 흐름이 자연스럽게 느껴지는 자연환경의 유입이 이루어진 환경 역시 중요요소로 꼽힌다. 아침 햇살이 비추어지고 노을이 지는 모습을 볼 수 있고 바람이 통과하고 비와 눈이 오는 현상들은 연속적인 삶의 이야기를 이끌어가는 자연이 주는 선물 같은 현상이다. 낙엽이 지면서 추워지는 현상에서 좌절감이 오는 계절의 느낌으로부터 꽃이 피고 새싹이 자라는 모습에서 희망을 가지며 삶의 의미를 되새기게 된다. 생활환경에서 자연과 연계된 편안함과 기술이 반영된 편리함을 추구한 최적의 환경이 필요하다. 전문가의 세밀한 계획하에 가능한 영역이다. 여러 편의시설은 생활의 만족도를 높이는 데 큰 역할을 한다.

언제나 정돈되고 깨끗한 환경 유지는 단지의 기본적 서비스이다. 쾌적한 환경으로부터 심리적 안정과 기쁨이 가능하기 때문이다. 부대 및 편의시설의 마련과 접근하기 용이한 근거리에 위치하고 사용상의 편리함은 윤택한 생활을 이루도록 한다. 우편 관련하여 발송대행 및 택배보관 등 소소한 전달사항의 신뢰성 있는 서비스는 기억력 감퇴 및 노화현상에 도움을 주는 좋은 서비스이다. 이 외에도 여러 주요점들이 있지만 중요사항 중심으로 살펴보았다.

위의 내용을 다음에서 정리하여 CCRC의 역할을 살펴볼 수 있다.

● 의료시설의 준비
  건강하게 보살피며 점검이 가능한 전문 의료진의 구성과 응급 시를 대비한 시설

● 활기찬 공동체생활을 위한 다양한 콘텐츠 구성

여러 가지 프로그램의 형성으로 즐거움과 정서적 안정감을 주는 교류 증진

● 체계적인 식단과 여러 타입의 음식문화 구비

영양섭취를 비롯한 후각, 시각, 미각 등을 고려한 음식 제공

● 자연환경의 유입이 이루어진 환경 구축

정서적 안정감을 주는 자연환경과의 연계를 통한 편안한 휴식처 제공

● 부대시설 및 생활보조 서비스 시스템

부대시설 마련과 용이한 접근성, 쾌적한 환경 유지 및 생활의 편의 서비스 제공

위와 같은 역할이 가능한 주거단지는 시니어에게 필요한 것들을 제공해주며 도움을 주는 요소들이다. 이러한 체계와 시설 및 서비스를 받음으로 인해 사회적 경력자로서의 자신의 가치를 높이며 안락하고 즐거운 노후생활을 유지하는 환경이 된다. 이를 뒷받침하는 시니어의 건강한 은퇴생활의 성공사례를 찾아보았다.

뇌종양 진단 받고도 쉼 없이 일하고 걷고 小食하니 건강한 98세에 이르러 생활하는 어르신[15]은 죽는 날까지 계속 걷고, 머리 쓰는 일을 할 것이라 하면서 '삶 자체가 움직임'이라고 하였다. 운동하고 활동하면서 뇌를 움직이는 교육 및 문화의 접촉이 필요함을 말하고 있으며 노년기에 꾸준하게 활동하는 것이 핵심임을 전달하는 내용이다. 또한 매일 연구하고 책을 읽고 쓰며 지적(知的)활동을 활발히 한 것도 정신의 노화를 막아주었다고 이야기하며 지속적인 움직임을 강조하고 있다.

한편, 현재 한국 치매노인은 4년새 27% 급증하여 10년 후 100만 명 넘는 다[16]고 보도되었다. 치매에는 의료약 치료 및 재생이 불가능하며 예방이 절실하다.

치매 예방을 위한 생활 '진인사대천명' (대한치매학회 캠페인 구호)

진 진땀 나게 운동하고 : 규칙적인 운동은 치매 걸릴 확률 1/3으로 감소시킴.

인 인정사정없이 담배 끊고 : 매일 한 갑씩 피우면 치매 위험 3배 증가.

사 사회활동 열심히 하고 : 매일 누군가와 한 번 이상 만나 대화하면 치매 위험 절반 감소.

대 대뇌활동 활발히 하고 : 신문읽기, 바둑 등이 가용 뇌세포 수 늘려 뇌기능 완충 효과.

천 천박하게 술 많이 마시지 말고 : 만성적 과음은 뇌세포 파괴해 치매 위험 7배 증가.

명 명(命)을 연장하는 식사를 하자 : 짜고, 기름지고, 많이 먹는 습관은 뇌혈관동맥경화로 혈관성 치매 유발.

위의 '대한치매학회'에서 내세운 구호를 살피면, 운동과 사회활동을 비롯한 뇌를 움직이는 활동 그리고 식사의 중요성을 공표하고 있다. 병을 극복한 98세 시니어 성공사례와 유사함을 알 수 있다.

이와 같은 내용은 앞서 정리한 CCRC가 가지는 특성에 따른 역할과 동일시하는 것을 살펴볼 수 있다. 따라서 CCRC는 지속적인 건강한 생활을 위한 주거단지이면서 특히 시니어를 위한 환경이 절실히 필요하다고 여겨진다. 한국에서는 '실버타운'이라는 시니어를 지칭하는 은색의 퇴색된 느낌 단어와 타운하우스를 접목한 조합어로 사용되어 오고 있다.

반면 미국과 영국에서는 나이가 들어서도 계속 거주할 수 있는 시니어를 위한 지속적인 서비스가 이루어진 커뮤니티[17]를 구축한 CCRC를 이루고 있다. CCRC에서는 삶의 정주지 의미를 넘어 '인생의 후반부를 지낼 수 있도록 서비스를 결합한 곳으로 변화' 및 '기본적으로 평생학습 프로그램이 마련돼 있으며 갖가지 교양·운동·재활프로그램이 활발하게 열리고 좋은 CCRC일수록 하드웨어보다는 보람 있는 공동체 생활이 가능하도록 하는 소프트웨어를 중시하는 것이라는 점을 발견'[18]할 수 있다.

한국의 시니어를 위한 주거환경은 얼마나 잘 갖추어져 있을까? 고령화에 대한 사회적 현상과 문제점을 논하고 있고 많은 연구가 이루어져 가고 있지만, 현실에 대입될 만한 타당한 연구는 많지 않다. 대응할 수 있는 방법론이 누락된 채 조사 및 사회현상만 서로의 의견차를 두며 연구를 이루고 있다. 이러다 보니 고령화에 대비된 주거환경은 준비되지 못하고 있는 듯하다.

고령화 사회에 맞춰 시니어를 고려하여 오랜 시간 유지하여 온 CCRC의 연속성은 거주자의 높은 만족에 의해 유지되고 있다. 미국 퇴직자들은 좋은 의료시설을 갖추고 지속적으로 간호와 간병을 지원해주는 주거단지를 선호한다. 독립주택에서는 많은 은퇴자들이 모여 공동체를 이루고, 취미·여가·문화생활을 한다. 몸이 조금 불편해지면서 요양사들이나 의사가 간병을 지원해 주는 곳으로 이동해 자신에게 적합한 서비스를 받기 시작한다. 아무리 몸이 불편하고 치매에 시달리더라도 교육·오락·문화생활에 활발하게 참여할 수 있도록 돌봐준다. 이에 반해 한국의 실버타운은 대부분 자체적으로 간호와 간병까지 책임지기 어려운 주거 중심으로 발달하고 있다.[19]노후생활을 완성할 수 있도록 지원하고 공동체생활 및 의료지원을 해결할 수 있는 은퇴설계 장소로 가장 적합한 주거형태는 CCRC로 진지하게 고려해 보아야 할 시점이다. 또한 자녀부양으로부터 해방되고 자신을 위한 삶[20]으로 이끌 수 있는 주거환경이어야 한다. 주의할 사항은 한국실정에 맞는 CCRC로의 전환과 도입이 이루어지도록 계획하는 것이 초기과제이다. 이를 위해 빠른시일 내에 한국에 적합한 공동체 문화를 주거문화와 접목된 생활권에서 가능한 콘텐츠를 개

은퇴하고 어디서 어떻게 살까?

발해야 한다. 소프트웨어인 콘텐츠가 개발되면 이를 활용 가능한 공간에 대한 도입 역시 동시에 숙고해야 할 사항이다. 잔뜩 콘텐츠만 나열되고 정작 활동할 장소가 제대로 마련되지 못하거나 시니어를 고려하지 못한 내구성 및 거주환경에서 접근이 불편해지면 헛수고에서 끝나 버리게 된다. CCRC를 올바르게 구축하기 위하여는 콘텐츠 개발자와 환경개발자의 각 전문가들이 협업 하에 이루도록 하여야 한다.

'에이징 믹스'
'세대간 통합'

사람은 누구나 나이가 들어 늙어 가는 과정을 겪게 되어 있다.
자신보다 경력이 있는 연장자인 대상을 보며 자신의 향후 모습을
바라볼 수 있고 반대로 자신보다 어린 연소자를 보며 책임감 및
또 다른 희망을 가지게 된다.
서로 간의 관계 속에서 사회는 성장할 수 있다.

생활환경이 이루어지는 주거단지 내에서 시니어 대상인
입주자가 다양함을 체험하며 한 곳에서 많은 것을 해결할 수 있는
조건이 갖추어져야 높은 만족도가 이루어진다. 따라서 꾸준한
지속성을 가지며 노후를 설계하도록 지향하여야 한다.

■ 시니어를 행복하게 하는 CCRC

사람은 누구나 나이가 들어 늙어 가는 과정을 겪게 되어 있다. 자신보다 경력이 있는 연장자인 대상을 보며 자신의 향후 모습을 바라볼 수 있고 반대로 자신보다 어린 연소자를 보며 책임감 및 또 다른 희망을 가지게 된다. 서로 간의 관계 속에서 사회는 성장할 수 있다.

한국의 주거환경 실정은 크게 노인주택 개념과 요양원으로 분리된 시니어 환경을 마련하면서 대다수의 젊은 자녀들이 나이 들어 거동이 불편해지면 보내는 장소로 인식하는 경향이 많아졌다. 사실상 시니어만 거주하는 환경에서 불편하고 병든 심신은 더욱 힘들어진다. 죽어 가는 대상을 바라보며 자신에게 닥칠 암흑 같은 현실을 예측하는 것은, 하루하루가 우울해지는 현상이 반복될 뿐이다. 한 계층만 모여서 생활하는 환경은 다음(後)이라는 유대관계 형성이 멈추어지면서 실상 움직임이 멈추어지는 고립된 장소가 된다. 주거환경은 밀집성 있는 다양한 계층이 모여 살 때 가장 활발한 관계가 형성된다. '고령화 시대에는 젊은 층이 빠져나가 주로 시니어가 거주하는 지역이 생기며, 이러한 지역의 시니어는 재해 및 범죄에 취약하다. 또한 젊은 층이 부족하면 경제활동이 감소하여 도시 재정에도 악영향을 미친다. 따라서 지역의 세대 (generation) 구성을 다양화하는 '에이징 믹스' 정책이 필요하다.'[21] 실버타운이라는 구속적인 개념을 탈피하여 시니어들에게 지속적인 삶이 이루도록 하는 것이 좋은 거주환경의 근본이 될 것이다. CCRC를 바라보기 위하여 주요 거주대상이 되는 시니어들의 활동을 우선 살펴야 한다.

은퇴가 이루어지는 평균연령인 60세에 무엇을 하며 지낼 것인가?
TV를 보고 소개된 맛집을 찾아다니고, 가끔씩 운동겸 산책을 하며 지내는 것으로 노년기를 보낼 것인가. 한국 시니어들은 대부분 경제개발 시기를 거친 중·장년층들은 가정경제, 사회적 성공이라는 목표 아래 삶의 많은 부분을

업무로 채워 왔다. 그러다 보니 '일만 하고 놀 줄 모르는 사람'이 대다수다. "목표를 달성하고, 자아성취에는 탁월하지만 관계를 맺는 데에는 서툴러서 이웃은 물론 심지어 가족과도 잘 소통하지 못하는 것"[22]이 현 시니어들의 특성으로 나타난다. 이러다 보니 주변사람들과의 관계가 단절되면서 점차 사회에서 고립되어 외로운 여생을 맞게된다. 은퇴는 끝이 아닌 새로운 시작이다. 열심히 일한 젊은 시절에 대한 보상을 받는 시기가 아니라 또 다른 삶을 멋지게 일구어 갈 수 있어야 한다[23]는 점을 시니어들에게 부여하는 방법을 찾아야 한다. 그들에게 노년기를 멋지게 지내는 방향을 제시하여 고령화 사회에 그들이 사회에 적응하고 문화적 발전을 일으키도록 장려하여야 한다. 이 점은 단순히 주거환경 개선을 위한 것뿐만 아니라 인구밀도가 고령화가 되어 가면서 그들이 참여하는 사회가 되어야 도시가 움직임을 가지며 경제효과까지 같이 볼 수 있는 확산을 가져올 수 있다.

우리나라는 은퇴 이후의 생활에 대한 의식과 준비수준이 취약한 것이 사실이다. 반면, 우리보다 고령화 사회를 50년 앞서 맞은 미국, 유럽, 일본 등은 시니어 세대를 위한 정책, 연금제도, 일자리, 여가, 서비스 산업이 발달해 있다. 그렇지만 우리와 그들이 고유문화와 삶의 방식이 다른 만큼 제도를 그대로 적용할 수는 없다.[24]

이시형 박사(한국자연의학종합연구원 원장)의 말[25]을 빌려보면, 현재 '올드 파워(old power)'보다 '에이징 파워(aging power)'라는 개념을 주장한다. 현재진행형으로 역동적이고 한결 파워풀한 세대를 현 시니어로 정의하고 있다. 또한 '젊은 시니어로 건강할 때 예비하며 더 건강하게 많은 경험을 토대로 성숙한 창조성을 지닐 수 있다'고 하였다. 성공적인 노년기를 보내기 위해 특정 부류의 시니어문화만을 부각시키는 잘못된 방식에서 벗어나야 하며 문화적 젊음을 유지하는 것과 봉사와 소일거리의 노동의 생산적 활동만을 추구하는 어긋난 일편적인 생각에서도 벗어나야 한다. 즉, 자신만의 문화를 형성하며 새로운 문화세대의 주인공으로 부각될 수 있는 방향을 주어야 하는 것이다. 시니어에 대한 단일 존재성인 동질적 집단이 아닌 존중하는 다양성을 가진 사회적 경력자로 바라보는 시각전환이 필요하다.

이소정 한국보건사회연구원 연구위원[26]은 다양한 계층의 욕구를 포괄하는 쪽으로 시니어만을 위한 교육보다 '세대간 통합'을 유도하는 것이 중요하다고 언급하였다.

이러한 여러 내용들을 종합적으로 정리하여 보면 공동체 생활을 위한 전문화가 요구되는 시대임을 알 수 있으며 한국 사회의 특성상 노년층들의 활동의 잘 유도하여 자신만의 문화를 생성해 나가는 방향성을 제시하는 것이 중요함을 알 수 있다. 따라서 시니어문화의 올바른 형성 및 공유에 참여하는 다양성을 제시하고 각자의 다양한 배경과 경험을 가진 주체의 주인공으로 인식하여 자율성을 주며 스스로 자신의 활동과 생활을 창조해가는 바탕을 만들어야 한다. 짜여진 틀에 규칙적인 활동의 일과보다는 만족감을 높일 수 있는 활력과 문화형성을 생성해 가는 자존감을 부여하는 방법이 바람직하다. CCRC가 추구하는 방식 역시 노년기를 가장 잘 유지하며 일생을 마치는 시점까지 즐겁게 살 수 있는 방법을 제시하기 위한 주거단지임과 동시에 주거방법론의 키워드가 아닐까 생각한다.

CCRC는 이러한 공동체 생활을 제공하며 윤택한 삶의 영속성과 사회경력자들에게 그들의 삶을 돌려주는 회답을 통한 존중의 역할도 겸한다. 자신에게 스스로의 건강과 안정의 유지, 존중성 부여로 가치 있는 노년기를 가지게 되는 것으로 시니어들을 행복하게 하고 끊임없는 활동과 움직임 그리고 신시니어들에게 문화형성을 물려주며 지속적인 단지형성이 이루어 진다.

1. 한국경제, 「노후준비의 경제학-늙는 것에 대한 종합대비(2030년)」, 2011. 11.23.

2. 한국경제, 「노후준비의 경제학-늙는 것에 대한 종합대비(2030년)」, 2011. 11.23.

3. 조선일보, 「[M피플] 존 미글리아치오… 메트라이프 MMI연구소 디렉터」, 2011.03.25.

4. 한국경제, 「[100세 시대 마스터플랜] '준비된 노후'는 축복」, 2011.10.12.

5. 조선일보, 「[서울] 서울노인인구 100만(2010년 말 기준)… 고령자친화 도시 만든다」, 2012.05.07.

6. 한국경제, 「노인 10명 중 8명 "70세 넘어야 노인"」, 2012.06.21.

7. 한국경제, 「노인 10명 중 8명 "70세 넘어야 노인"」, 2012.06.21.

8. 조선일보, 「[100세 쇼크 축복인가 재앙인가] 요양 · 재활 · 오락… 노인을 위한 기능 다 모았다」, 2011.02.06.

9. 신동관, 『타운하우스의 공용공간 공간구성 요소 연구』, 한국공간디자인학회 가을학술대회, 2007, p.58.

10. 신동관, 『타운하우스의 공용공간 공간구성 요소 연구』, 한국공간디자인학회가을학술대회, p.58, 2007.

11. 조선일보, 「[M인사이드] 실버타운 고를 때 어떤 점이 중요할까?」, 2011. 10.14.

12. 한국경제, 「동탄2신도시, 주거 품격 높이는 '특별계획구역'」, 2012.06.04.

13. 신동관, 『지속적인 시니어리빙을 위한 공간지침, 한국학술정보(주)』, 2011, p.22

14. 신동관, 『지속적인 시니어리빙을 위한 공간지침, 한국학술정보(주)』, 2011, p.22

15. 조선일보, 「폐망가지고 뇌종양… 쉼 없이 일하고 걷고 小食하니 '팔팔한 98세'」, 2011. 01.06.

16. 조선일보, 「한국 치매노인 4년 새 27% 급증… 10년 후 100만 명 넘는다」, 2012.07.30.

17. 한국경제, 「[우재룡의 준비된 은퇴] 공동체 생활에 간호 · 간병 갖춰야 노후설계 완료」, 2011.10.16

18. 한국경제, 「[우재룡의 준비된 은퇴] 공동체 생활에 간호 · 간병 갖춰야 노후설계 완료」, 2011.10.16

19. 한국경제, 「[우재룡의 준비된 은퇴] 공동체 생활에 간호 · 간병 갖춰야 노후설계 완료」, 2011.10.16

20. EBS뉴스, 「노인… "자녀와 따로 살고 싶어"」, 2011.05.06.

21. 차학봉, 『일본에서 배우는 고령화시대의 국토 · 주택정책, 삼성경제연구소』, 2006.

22. 조선일보, 「은퇴는 인생의 바캉스가 아니다」, 2012.08.29.

23. 조선일보, 「은퇴는 인생의 바캉스가 아니다」, 2012.08.29.

24. 조선일보, 「은퇴는 인생의 바캉스가 아니다」, 2012.08.29.

25. 조선일보, 「[트렌드 | 신(新)노년시대] NO 老! 생산적이고 성공적인 노년 어떻게 준비할 것인가」, 2008.07.07.

26. 조선일보, 「[트렌드 | 신(新)노년시대] NO 老! 생산적이고 성공적인 노년 어떻게 준비할 것인가」, 2008.07.07.

4장 CCRC에서 시니어와 나눈 이야기

※ 좌측 이미지
Miami, USA _ Bentley Village in Naples CCRC

4장 CCRC에서 시니어와 나눈 이야기

    CCRC는 주거생활에 필요한 기본적인 요건이 갖추어짐과 동시에 지속적인 삶이 가능한 관리 및 의료지원이 준비된 환경을 구축한 장소이다. 은퇴 이후의 자신에게 새로운 환경에 대한 기대감과 동시에 생활의 편안한 영속성을 가질 수 있는 곳이기에 모니터링을 통해 연속적인 보완과 관리가 꾸준히 이루어지는 것이 바람직하다. 따라서 이번 설문조사는 직접적인 검토를 위한 필요사항으로 여기고 더헤리티지(THE HERITAGE)와 삼성 노블카운티(Noble County)의 적극적인 협조에 의해 이루어졌다. 아울러 각 시설 내에서 이루어지는 것으로 그치는 것이 아닌 현 CCRC의 대표사례인 2곳을 동시에 살펴 종합적인 검토가 가능하도록 조사가 이루어진 것에 큰 의의를 가질 수 있다.

    설문조사에서 '만족도'에 관한 평가 항목을 제외하고 실제 시설과의 비교관점이 아닌, 전반적으로 필요하거나 선호하는 항목을 선택하도록 하였다. 또한 현재 각 참여된 CCRC의 장단점을 바라본 설문이 아닌 전반적인 CCRC의 추구사항 중심으로 의견을 주도록 권고하였다. 거주하면서 그들이 느낀 점들과 향후 바라는 관점을 인터뷰하였으며 여러 차례 방문을 통해 거주하는 시니어의 행동과 대화를 통해 사용상의 상태를 파악하도록 하였다. 이번 설문 및 조사는 일차적인 동향을 점검하고자 하였으며 향후 개선된 연구계획을 통해 구체적인 후차설문 및 조사를 이루도록 할 계획이다.

[설문 1]

참여자에 관한 인적사항을 성별, 나이, 학력수준으로 구분하여 조사하였다. 남·여의 차이와 연령대별 나이 및 교육수준에 따른 의견차이를 볼 수 있다.

[설문 2]

노년기에 접어들면서 시니어들이 고려하고 걱정하는 사항을 알기 위한 것으로, 무엇을 고민사항으로 꼽을 수 있고 시설 내에서 고려하여 반영하는 방안으로 살펴보기 위함이다.

[설문 3]

지속적인 생활을 위하여 자신의 노년기를 지낼 CCRC를 선택하는 이유를 설문하여 시니어들이 선호하는 CCRC와 기대치를 알아 볼 수 있다. 이를 프로그램 및 시설구축에 반영하여 시니어들의 입주조건을 충족할 수 있다.

[설문 4]

현재 거주하는 시니어들이 시설 내 만족과 불만족 상태를 살펴보고 그들이 요구하는 사항 및 필요한 요소들을 살펴볼 수 있다. 가장 중요하게 살펴볼 수 있는 실태조사로 향후 CCRC의 개선을 위하여 중요한 내용으로 여겨진다.

[설문 5]

CCRC의 편의 및 필요시설에 관한 사항으로 우선적으로 요구되는 사항을 다중선택하도록 하였다. 중복적인 선택과 여러 항목의 필요시설이 목록화됨에 따라 각각의 수치가 낮은 편이다. 가장 높은 수치가 5%로 나타났으며 상위요소로 살펴볼 수 있다.

[설문 6]
CCRC의 필요한 서비스지원을 선택하는 항목으로 생활의 편의를 위한 서비스에 대한 사항들을 점검하였다. 생활에 필요한 항목들을 우선순위로 파악해 볼 수 있고 생활의 보조 서비스는 만족도를 높여 편안한 생활에 도움을 준다.

[설문 7]
CCRC 커뮤니티에서 선호하는 프로그램을 설문하였다. 공동체에서 활성화를 이루는 프로그램이 어떠한 것인지를 파악하는 것은 시니어들의 관심과 만족도를 연관지어 살펴볼 수 있으며 필요공간 및 체계를 점검해 볼 수 있는 사항이다.

[설문 8]
CCRC '주거공간' 內 필요항목을 설문하였다. 이는 개인적인 공간에서의 편리함과 만족도 관련한 요소를 파악하기 위함이다. 가장 주생활영역이 되는 공간의 물리적 요소를 살펴보고 향후 시니어들에게 주거공간의 계획에 중요한 참고사항이 될 것으로 여겨진다. 또한 시니어들의 취향과 선호도에 따라 공용공간과의 연관성 흐름을 짚어 볼 수 있다.

[설문 9]
CCRC의 '주거공간 선호 디자인 이미지에 관한 설문'은 시니어들의 시각적 견해를 점검하기 위한 항목이다. 현 트렌드와 시니어들이 거주하는 공간과의 차이점을 파악하고 그들에게 만족을 주는 이미지를 선별할 수 있다.

■ 더헤리티지(THE HERITAGE)

위치 : 경기도 성남시 분당구 금곡동 305-2

유형 : 도심근교형 / 사설 유료 시니어주거시설

시설개관 : 2009년 9월

홈페이지 : http://www.theheritage.co.kr

정보 및 이미지 출처

더헤리티지 홈페이지
http://www.theheritage.co.kr

더헤리티지 블로그
http://blog.naver.com/heritage111

더헤리티지 안내책자

[주요 시설 및 공용공간 서비스 프로그램]

- 너싱홈
- 취미, 문화센터
- 헤리티지 홀
- 웰니스센터 : 스파 · 사우나
- 스포츠센터

- 메디컬센터
- 레스토랑
- 보바스기념병원
- 생활편의시설 등

[그래프 1]
설문자 인적사항
- 더헤리티지

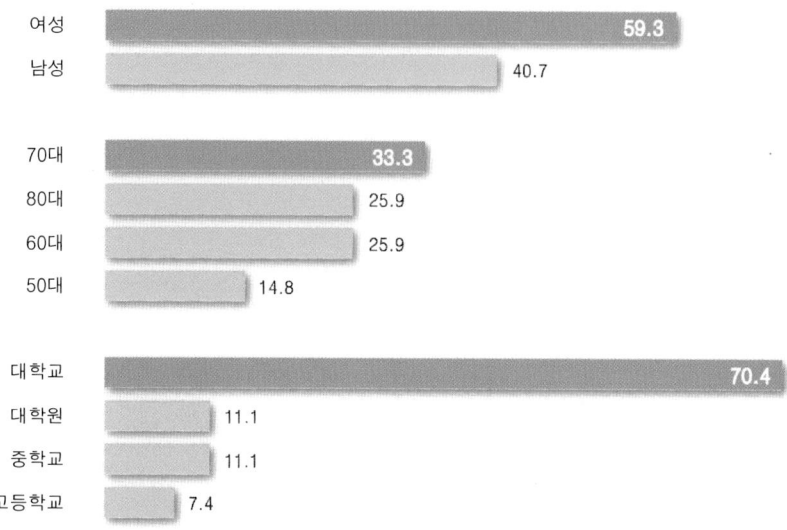

[그래프 1] 설문에 참여한 여성의 비율은 59.3%이며 남성의 비율은 40.7% 으로 여성의 참여비율이 18.6%의 차이점을 나타낸다. 다양한 문화 및 운동을 이루며 공동체 활동에 참여한 시니어 대상으로 요청하였고 여성의 참여도가 조금 높은 편으로 활동이 이루어지고 있었다.

나이대는 70대가 33.3%로 가장 많은 참여가 이루어졌다. 다음으로 80 대와 60대가 동일한 25.9%, 50대가 14.8%로 구성되었다. 50대에 이르는 참 여는 부부 중 한쪽 배우자가 60대에 이르면 입주 가능한 경우로 여성으로 이 루어졌다.

학력으로는 대학교 졸업자가 70.4%로 높은 학력 소유자가 많음을 알 수 있었다. 대학원 졸업자로 박사 출신을 비롯한 고학력자 참여가 중학교 졸업 과 참여자와 11.1%으로 같은 비율을 보이고 있다. 고등학교 졸업자의 비율 이 7.4%를 보이며 참여자 중 80%가 대학교 이상의 학력으로 높은 교육수준 을 짐작케 하였다.

은퇴하고 어디서 어떻게 살까?

[그래프 2] 은퇴 이후 지속적 생활에 대한 걱정사항에 관한 설문에 '건강한 삶 유지'하는 항목이 33.8%로 가장 높게 나타났다. 다음으로 '의료서비스'에 관한 부담감이 17.5%로 나타났으며 '금전적 상태', '사회활동 가능 여부', '세대 간 교류'에 관한 항목에 대하여 동일한 15.8%로 나타나면서 유사한 관심도를 보이고 있었다. 실제 설문을 진행하면서 인터뷰한 결과 건강하게 지속적인 생활이 가능한 것에 가장 관심을 많이 보이고 있었으며 위급 시에 대처가 가능하여 노년기에 발생될 수 있는 사고예방에 관심이 많았다. 관리가 가능한 생활환경을 최우선 고려사항으로 꼽았으며 현재 건강상태가 꾸준히 지속될 수 있는 관리를 선호함을 알 수 있었다. 의료에 의존적이기보다는 만약에 대한 응급상황에 대처하는 방안으로 의료비에 대한 부담을 크게 고려하지 않고 있었다. 지출과 수입의 대한 빈번함이 적고 특정사용 외 고정생활비에 대한 유지관리비에 관한 금전적 고려와 참여 가능하고 협조가 필요한 사회활동에 대한 가능성을 두고 있는 여지와 간헐적이나마 손자손녀 등을 포함한 자식 간의 세대 간 교류는 가족 간의 자연스러운 일상으로 받아들이며 별도의 특별행사로 인식하지는 않는 편이었다.

[그래프 3] CCRC를 선택하는 이유에 관한 설문에 대하여 '정돈되고 쾌적한 환경'을 12.9%로 가장 높은 항목으로 꼽았다. 다음으로 '지속적인 건강관리' 항목이 12.3%로 나타났다. '높은 수준의 주거환경'에 관하여는 11.7%, '안전 및 보호받는 시설' 항목에 대하여는 11.1%, '불편한 상태로부터 개선된 환경'이 9.9%로 집계되었다. 상위에 해당하는 항목들을 검토해보면 대체로 내부적 시설에 관한 사항이며 건강에 관한 높은 관심도를 포함한 기존의 환경으로부터 개선된 편리한 환경을 선호함을 알 수 있다.

다음으로 '혼잡한 도심 탈피'에 관한 항목은 9.4%, '부대시설 및 지역활동 연계성'에 대하여 7.6%, '동질감 형성의 교류 및 유대관계'에 관하여 7.0%,

**은퇴 이후 지속적 생활에 대
한 걱정사항 – 더헤리티지**

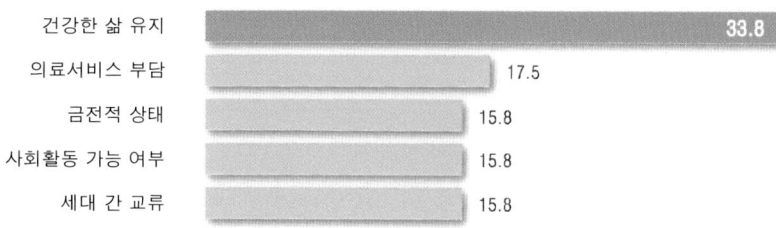

건강한 삶 유지	33.8
의료서비스 부담	17.5
금전적 상태	15.8
사회활동 가능 여부	15.8
세대 간 교류	15.8

[그래프 3]
**CCRC를 선택하는 이유
– 더헤리티지**

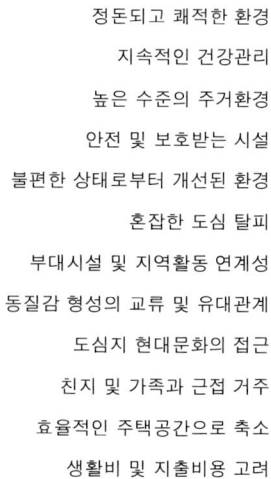
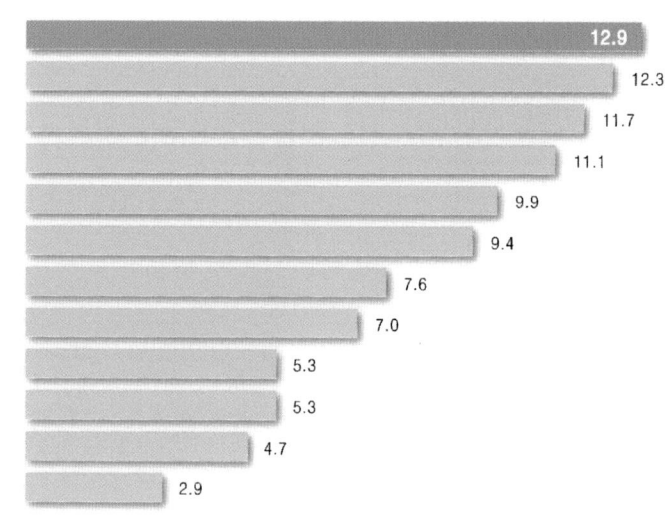

정돈되고 쾌적한 환경	12.9
지속적인 건강관리	12.3
높은 수준의 주거환경	11.7
안전 및 보호받는 시설	11.1
불편한 상태로부터 개선된 환경	9.9
혼잡한 도심 탈피	9.4
부대시설 및 지역활동 연계성	7.6
동질감 형성의 교류 및 유대관계	7.0
도심지 현대문화의 접근	5.3
친지 및 가족과 근접 거주	5.3
효율적인 주택공간으로 축소	4.7
생활비 및 지출비용 고려	2.9

'도심지 현대문화의 접근'은 5.3%, '효율적인 주택공간으로 축소'에 관하여 4.7%와 '생활비 및 지출비용 고려사항'이 2.9%로 가장 낮았다. 더헤리티지 CCRC를 선택한 이유로 지속적인 건강관리가 이루어지는 안전하고 쾌적한 수준 높은 시설을 우선적인 사항으로 고려했음을 알 수 있다.

　　[그래프 4] CCRC의 서비스와 관리운영 만족도에 관한 설문에 대하여 우선적으로 '직원 및 관리자의 호응 및 친절도'에 관하여 92.6%의 높은 만족을 가지고 있음을 알 수 있었다. 불만족사항이 집계상 0%로 나타난 것으로 미루어 보아 관리적 측면과 거주자 간의 관계가 잘 이루어진 것으로 사료된다. 다음으로 '실내환경 디자인 및 쾌적성'에 대하여 88.9%의 수치로 만족도가 두 번째로 높았으며 보통 7.4%, 불만족 3.7%로 집계되었다. 인터뷰를 통한 의견 중 밝고 넉넉한 공간과 청결한 이미지가 좋으며 세련된 현대적 고전미의 환경적 측면을 언급하기도 하였다. '편의시설의 다양화 및 용이성'에 관하여 81.5%로 세 번째로 높은 만족도를 보였다. 이에 대한 11.1%의 일부 불만족을 보인 거주자의 의견은 단지 내 거리를 고려한 충원된 편의점 및 좀더 일상에 필요한 편의시설과 가벼운 음료가 가능한 캐주얼 공간이 필요함을 나타내기도 하였다. '교류를 위한 다양한 행사'에 대하여 77.8%의 만족과 14.8%의 보통을 나타내며 92.6%의 긍정적인 수치가 나타났다. 특별한 이벤트로 활력을 얻거나 흥미로운 행사에 적극적인 참여가 이루어 지고 있었다. '안전과 보안'의 만족도는 77.8%로 상위수준을 나타내고 있다. 7.4%에 해당하는 불만족 사항에 관한 의견을 수집되지 못하였으나 차후 불만족된 지적사항을 관철할 필요가 있다. '건강프로그램 제공'에 관하여 77.8%의 만족도를 나타내며 불만족 사항은 3.7%로 낮은 비중이었다. '문화 및 엔터테인먼트의 다양성'에서의 만족집계는 70.4%, 보통이 22.2%, 불만족인 7.4%로 나타났다. [그래프 7]에서 살펴보면 'CCRC 커뮤니티에서 선호하는 프로그램' 중 '문

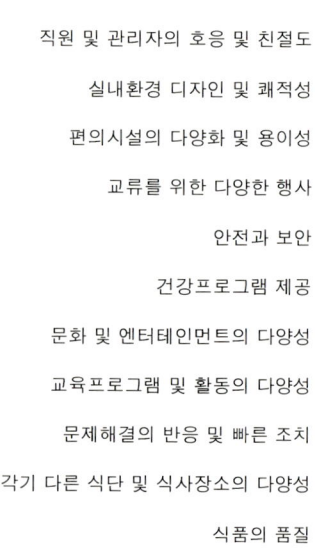

[그래프 4]
CCRC의 서비스와 관리운영 만족도 - 더헤리티지

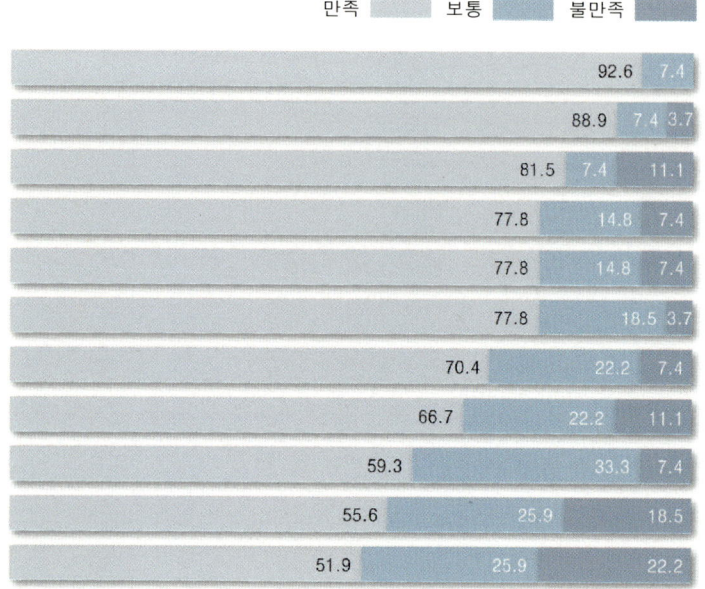

	만족	보통	불만족
직원 및 관리자의 호응 및 친절도	92.6	7.4	
실내환경 디자인 및 쾌적성	88.9	7.4	3.7
편의시설의 다양화 및 용이성	81.5	7.4	11.1
교류를 위한 다양한 행사	77.8	14.8	7.4
안전과 보안	77.8	14.8	7.4
건강프로그램 제공	77.8	18.5	3.7
문화 및 엔터테인먼트의 다양성	70.4	22.2	7.4
교육프로그램 및 활동의 다양성	66.7	22.2	11.1
문제해결의 반응 및 빠른 조치	59.3	33.3	7.4
각기 다른 식단 및 식사장소의 다양성	55.6	25.9	18.5
식품의 품질	51.9	25.9	22.2

화 프로그램'이 가장 높은 것을 알 수 있다. 따라서 보통에 해당하는 내용에 관하여 만족도를 높일 수 있는 방안이 필요하다고 여겨진다. 또한 불만족된 사항을 파악하여 향후 개선할 필요가 있다. '교육프로그램 및 활동의 다양성'의 만족 66.7%, 보통 22.2%, 불만족이 11.1%로 집계되었다. '문제해결의 반응 및 빠른 조치'에 대하여 만족 59.3%, 보통 33.3%, 불만족 7.4%로 나타났다. 시설 내 문제해결하는 조치가 바로바로 대응되는 것이 무척 어려운 일이나 거주자에게 문제점에 대한 해결책의 시간소모 및 대처방법 등 이해를 줄 수 있는 방안으로 신뢰에 따른 만족도를 높이는 방법을 고려해 볼 수 있다. '각기 다른 식단 및 식사장소의 다양성'에 대하여 만족 55.6%, 보통 25.9%, 불만족 18.5%로 나타났다. 뷔페를 포함한 네 장소의 차별화된 장소와 메뉴가 있지만, 시니어들의 만족은 중간등급으로 나타났다. 음식에 관한 한국의 맛

은퇴하고 어디서 어떻게 살까?

은 특별한 문화성을 지닌다. 또한 시대의 흐름에 따라 입맛의 변화가 이루어지기 때문에 상당히 민감한 부문이 될 수 있다. 다양하게 접목하여 건강하고 풍족한 식·음료를 접하는 방법을 지속적으로 찾아 적용하여야 할 것이다. 마지막으로 '식품의 품질'에 대하여 51.9%의 만족, 보통 25.9%, 불만족 22.2%으로 나타나며 가장 만족도가 적은 항목으로 집계되었다. 식단과 더불어 품질에 관한 신뢰회복을 가지기 위한 의견수립 및 방안을 찾아야 할 것이다. 기타의견으로 에어컨은 줄여 시니어에 맞는 온도와 절약을 강구하기를 기록하였으며 필요한 전등만 사용하여 전력소비를 줄이는 것을 요청하기도 하였다.

[그래프 5] 더헤리티지에서 요구된 편의 및 필요시설 중 선택된 5.3%의 가장 높은 사항은 '영화관람실'과 '은행'이었다. 실제로 '영화관람실'은 예약 건이 많고 빈번하게 이용되고 있는 공동체 시설로 인기가 많았다. '은행'은 재정관리 및 일상업무처리가 자주 발생하기 때문에 시설 내 중요항목으로 꼽았다. 다음으로 동일한 5.1%로 나타난 '체력단련실', '산책로', '세탁실', '편의점', '로비공간'이었다. '체력단련실'은 접근이 용이하고 자연스러운 교류가 가능한 장소임과 동시에 자신에게 맞는 운동을 할 수 있기 때문이라는 여러 사용자의 의견을 접할 수 있었다. '산책로'는 필수적인 장소로 꼽기도 했으며, '세탁실'은 다량의 세탁물을 일정에 따라 사용하는 편의시설이 유용하게 활용된다고 하였다. 또한 '편의점'은 반드시 시설 내 24시간 상주가 필요하고, 만남의 장소 및 안내 역할을 하는 '로비공간'도 높은 선택을 받았다.

4%에 속하는 중간급의 요소들도 상위요소들과 근사치에 가까운 수치로 필요요소에 많은 선택을 하였다. '실내수영장', '도서관', '식사공간'이 4.7%로 필요요소로 나타났다. 특정 장소가 필요한 운동이 가능한 장소 중 체력단련실 다음으로 실내수영장이 필요함을 나타냈다. '도서관'은 신문과 도서를 접하고 문서 전달과 인터넷 사용 및 DVD영화관람 예약 등의 편의 제공이 이루어지는

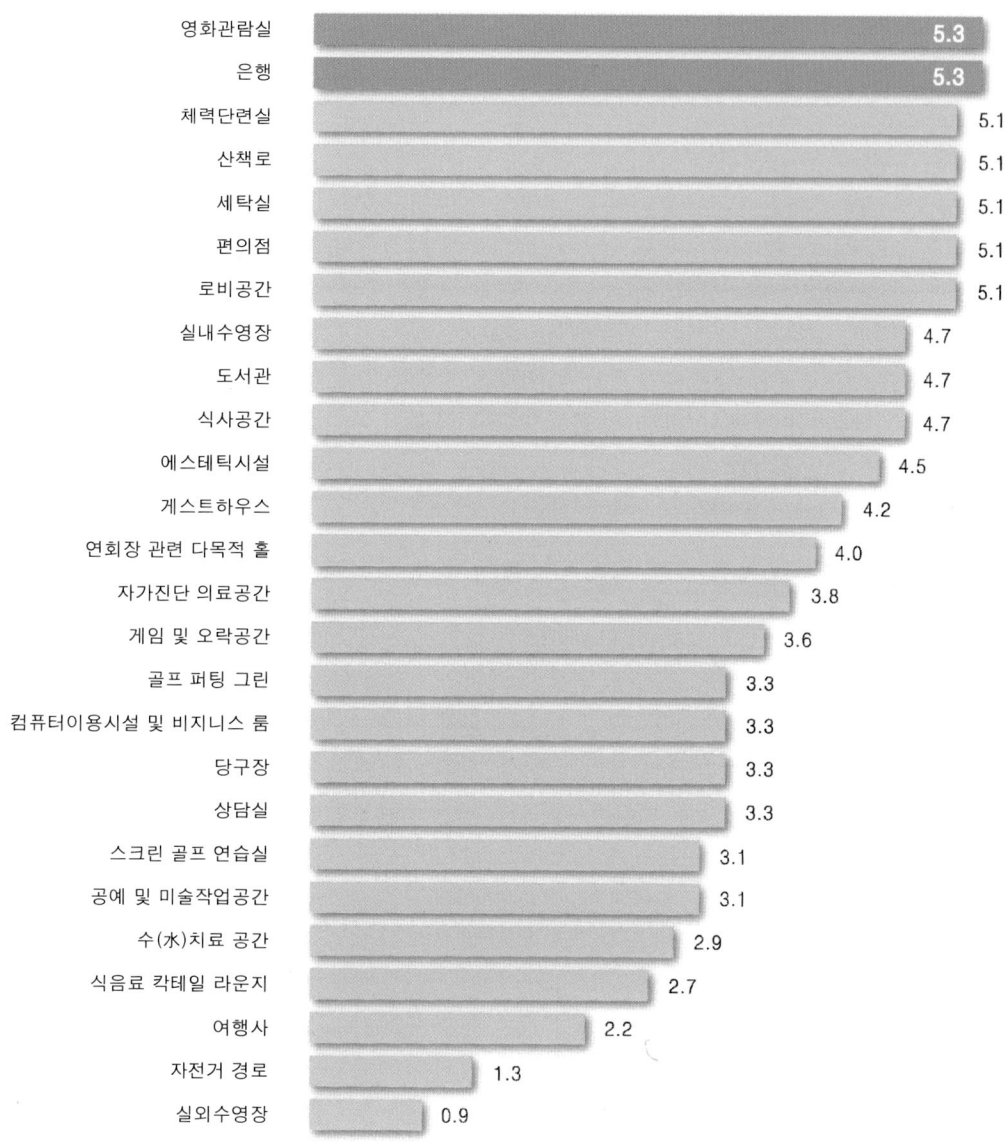

시설	값
영화관람실	5.3
은행	5.3
체력단련실	5.1
산책로	5.1
세탁실	5.1
편의점	5.1
로비공간	5.1
실내수영장	4.7
도서관	4.7
식사공간	4.7
에스테틱시설	4.5
게스트하우스	4.2
연회장 관련 다목적 홀	4.0
자가진단 의료공간	3.8
게임 및 오락공간	3.6
골프 퍼팅 그린	3.3
컴퓨터이용시설 및 비지니스 룸	3.3
당구장	3.3
상담실	3.3
스크린 골프 연습실	3.1
공예 및 미술작업공간	3.1
수(水)치료 공간	2.9
식음료 칵테일 라운지	2.7
여행사	2.2
자전거 경로	1.3
실외수영장	0.9

장소로 빈번하게 이용되고 있었다. 4.5%의 '에스테틱시설'에서는 노화방지와 간단한 마사지 등으로 시니어들에게 건강개선사항 및 피로를 풀 수 있는 공간으로 활용된다. 일부 의견에 미용실 적정가격에 관하여 비싸다는 사항을 기입하였다. '게스트 하우스'는 4.2%의 수치로 나타났으며 친·인척 및 손님이 찾아왔을 때 숙박이 가능한 공간으로 사전 예약 후 편하게 이용할 수 있다. '연회장 관련 다목적 홀'에서는 각종 문화행사 및 거주자 중심의 결혼식, 돌잔치 등의 가족행사가 가능하다. 또한 특별 공연 및 이벤트 행사가 가능한 공간으로 융통성 있는 장소로 활용된다. 4.0%의 필요요소 수치를 나타내고 있다.

3%에 해당하는 요소들을 살펴보도록 한다. 3.8%의 '자가진단 의료공간'에 대하여 다수의 시니어에 의해 필요시설로 꼽혔다. 수시로 자신을 점검하여 예방할 수 있다면 이러한 공간은 필요하다는 의견이 많았다. '게임 및 오락공간'은 3.6%로 나타났으며 즐거움을 제공하고 여럿이 모여 즐기는 공간으로 필요할 수 있다고 의견을 주었으며 일부 의견에서는 반드시 필요한지는 모르겠다는 상반된 의견도 있었다. '골프 퍼팅 그린', '컴퓨터 이용시설 및 비즈니스 룸', '당구장', '상담실'은 3.3%의 동일한 수치를 나타냈으며 '스크린 골프 연습실', '공예 및 미술작업공간'은 3.1%로 특정 이용 시니어를 중심으로 이루어질 수 있는 공간으로 취미와 이용목적에 따라 필요의 정도차가 나타났다. 2.9%의 '수(水)치료공간'은 부드러운 운동 및 관절 및 치료를 위한 공간으로 활용되어 빈번하진 않지만 시니어들에게 필요한 공간으로 인식된다. '식음료 칵테일 라운지'는 2.7%로 식사공간과는 별개의 담소가 가능한 공간이다. 중후한 라운지와는 다른 가벼운 공간의 필요함도 일부 선택하였다. 2.2%의 '여행사'에 대하여 일부가 정보 및 예약 관련하여 필요시 사용가능 여부를 두고 선택하였다. '자전거 경로'는 1.3%로 부분적으로 선택하였으며 다수가 위험도 지적 및 자주 이용하지 못할 것 같다는 의견이 있었다. 가장 낮은 0.9%의 '실외 수영장'의 경우 계절상 사용 여부의 의문 및 유지관리 측면의 공동부담을 지적하며

[그래프 6]
CCRC의 필요한 서비스
지원 - 더헤리티지

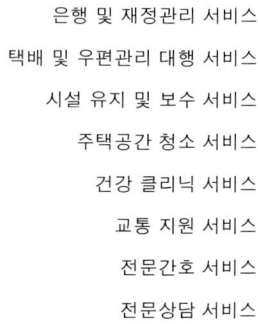
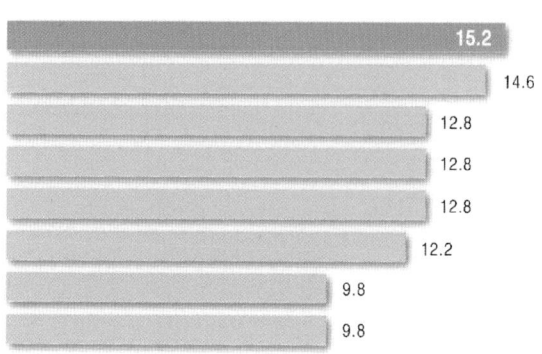

서비스	값
은행 및 재정관리 서비스	15.2
택배 및 우편관리 대행 서비스	14.6
시설 유지 및 보수 서비스	12.8
주택공간 청소 서비스	12.8
건강 클리닉 서비스	12.8
교통 지원 서비스	12.2
전문간호 서비스	9.8
전문상담 서비스	9.8

[그래프 7]
CCRC 커뮤니티에서 선
호하는 프로그램 - 더헤리
티지

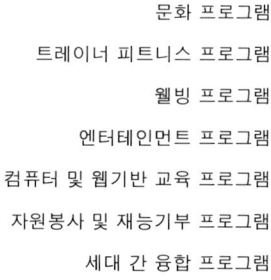
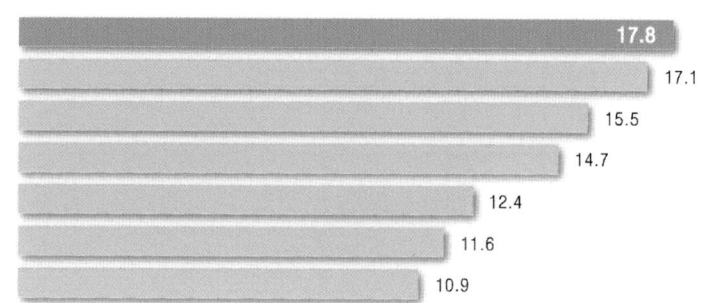

프로그램	값
문화 프로그램	17.8
트레이너 피트니스 프로그램	17.1
웰빙 프로그램	15.5
엔터테인먼트 프로그램	14.7
컴퓨터 및 웹기반 교육 프로그램	12.4
자원봉사 및 재능기부 프로그램	11.6
세대 간 융합 프로그램	10.9

은퇴하고 어디서 어떻게 살까?

실내수영장의 필요를 우선시하였다. 기타의견으로 추가로 형성된 편의시설의 적정 재료마감에 관한 의견을 주었다. 시설의 교체 및 추가설치 시에 이에 맞는 공간재료를 비롯한 디자인을 고려해야 할 것이다(예, 탁구실—마룻바닥과 같은 완충재로 관절보호 가능).

[그래프 6] 더헤리티지에서 가장 높은 서비스는 15.2%의 '은행 및 재정관리 서비스'였다. 일상에서 자주 사용하는 은행업무의 중요성과 지출 및 재정관리와 생활유지 관련 계획에 대한 점검이 반드시 필요함을 알 수 있었다. 다음으로 '택배 및 우편관리 대행 서비스'가 14.6%로 나타났으며 택배배달 관리 및 보관과 우편발송 및 전달 대행 서비스를 상당히 편리한 지원으로 인식하고 있었다. '시설 유지 및 보수 서비스', '주택공간 청소 서비스', '건강 클리닉 서비스'가 동일하게 12.8%를 나타내고 있다. 거주공간 및 공동공간의 보수서비스는 시설 면에서 중요한 필요지원이며 시니어들에게 주택공간 청소 서비스 지원 역시 필요하다고 여기고 있었다. 건강에 관한 관심이 높은 시니어들에게 '건강 클리닉 서비스'로 점검받고 정보를 얻으며 꾸준히 관리가 가능한 서비스 역시 필요서비스로 선택하였다. 12.2%의 '교통 지원 서비스'는 계획된 스케줄에 따라 운행하며 많은 거주자들이 이용하고 있었다. 필요시 개인적인 이동의 어려움이 있는 거주자에 교통지원이 이루어져 편리한 동선을 제공하고 있었다. 9.8%의 '전문간호 서비스'와 '전문상담 서비스'는 일부적으로 필요하다는 의견이 있었다. 이 외 '더헤리티지'에서는 '짐을 들어주는 서비스' 등의 거주자의 개별적 요청에 생활지원이 다양하게 이루어지고 있었다.

[그래프 7] CCRC 커뮤니티에서 선호하는 프로그램 중 '더헤리티지'에서는 '문화 프로그램'이 17.8%로 가장 높은 선호도를 나타냈다. 시대에 맞는 문화를 접하는 프로그램이 많은 시니어들에 의해 선택되었다. 다음으로 '트레이

CCRC '주거공간' 內
필요항목 - 더헤리티지

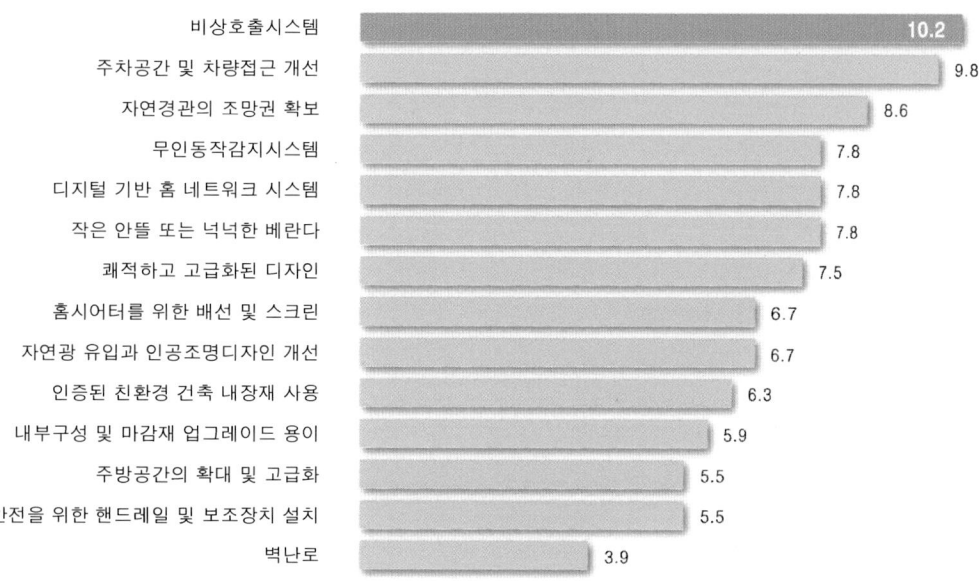

항목	값
비상호출시스템	10.2
주차공간 및 차량접근 개선	9.8
자연경관의 조망권 확보	8.6
무인동작감지시스템	7.8
디지털 기반 홈 네트워크 시스템	7.8
작은 안뜰 또는 넉넉한 베란다	7.8
쾌적하고 고급화된 디자인	7.5
홈시어터를 위한 배선 및 스크린	6.7
자연광 유입과 인공조명디자인 개선	6.7
인증된 친환경 건축 내장재 사용	6.3
내부구성 및 마감재 업그레이드 용이	5.9
주방공간의 확대 및 고급화	5.5
안전을 위한 핸드레일 및 보조장치 설치	5.5
벽난로	3.9

[그래프 9]

CCRC '주거공간' 선호디자
인 이미지 - 더헤리티지

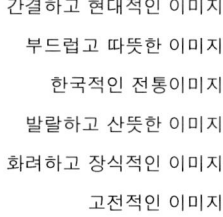
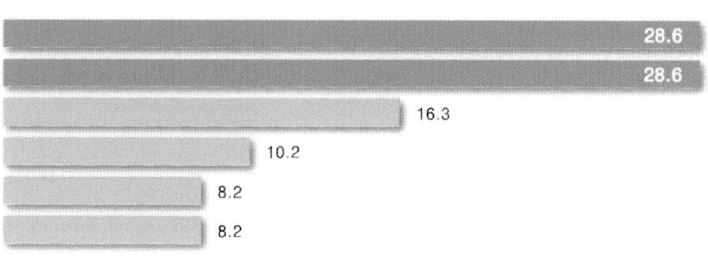

항목	값
간결하고 현대적인 이미지	28.6
부드럽고 따뜻한 이미지	28.6
한국적인 전통이미지	16.3
발랄하고 산뜻한 이미지	10.2
화려하고 장식적인 이미지	8.2
고전적인 이미지	8.2

너 피트니스 프로그램'이 17.1%로 나타났으며 각자 체형과 건강상태에 맞는 지도와 관리가 필요함을 강조하였다. '웰빙 프로그램'이 15.5%의 수치로 나타났으며 활기 있는 생활에 관련한 각종 정보 및 참여 가능한 프로그램에도 많은 관심을 나타냈다. '컴퓨터 및 웹기반 교육 프로그램'은 12.4%의 수치로 현 네트워크 시대에 따른 적응을 위한 필요성을 논하며 세대를 넘어서 스스로 점검할 수 있는 정보망을 터득하는 교육을 선택하였다. 11.6%의 '자원봉사 및 재능기부 프로그램'에 대하여 일부적으로 적극적인 참여의사를 주는 반면 부담감을 가지는 시니어들이 있었다. 마지막으로 10.9%의 '세대 간 융합 프로그램'은 참여 의사가 일부적으로 있었다. 가족 간의 자연스러운 교류를 선호하며 이벤트와 같은 행사 외에 계획된 프로그램 참여가 불편할 수 있다고 의견을 주기도 하였다.

[그래프 8] 가장 높은 필요항목으로 '비상호출시스템'으로 10.2%를 나타냈으며 긴급상황에 대비하려는 것으로 반드시 필요한 항목으로 여겨진다. 다음으로 '주차공간 및 차량접근 개선'이 9.8%를 나타냈다. 현재 각 세대별 적정 주차대수와 주차공간으로부터 거주영역 진입까지의 거리가 매우 가까운 편으로 여러 거주자들의 만족도가 높음을 알 수 있었다. 짧은 이동거리는 필수항목으로 여겨진다. '자연경관의 조망권 확보'가 8.6%로 나타났다. 우선적인 거주선호 위치가 자연경관이 좋은 곳이었다. 각 세대에서 건축적 환경을 고려한 각기 다른 자연을 조망하여 빛과 바람이 잘 들어오는 거주공간을 선호하였다. '무인동작감시시스템', '디지털 기반 홈 네트워크 시스템', '작은 안뜰 또는 넉넉한 베란다'가 동일한 7.8%의 수치를 나타냈다. 만약에 대비를 위한 '무인동작감지시스템'과 편리한 '디지털 기반 홈 네트워크 시스템' 그리고 시니어의 취미 및 활용도를 높인 '작은 안뜰 또는 넉넉한 베란다' 항목도 대체적으로 높은 항목으로 꼽혔다. 근사치의 7.5%의 '쾌적하고 고급화된 디자인'을 선택하며 안락한 주거환경 선호를 나타낸다. '홈시어터를 위한 배선 및 스크린'과 '자

연광 유입과 인공조명 디자인 개선'이 동일한 6.7%를 나타냈다. 큰 스크린의 활용 및 시니어에 맞춤형 조명개선안에 대한 일부적 선택이 있었다. 6.3%로 나타난 '인증된 친환경 건축 내장재 사용'은 선호사항이며 고려하면 좋겠다는 의견이 있었다. '내부구성 및 마감재 업그레이드 용이'에 관한 항목은 5.9%이며 부분적 취향에 따른 변경요청 가능성을 나타냈으며 입주 이후 재시공 여부에 대부분 불필요함을 나타냈다. '주방공간의 확대 및 고급화'와 '안전을 위한 핸드레일 및 보조장치 설치'에 관하여 일부적으로 선호함을 알 수 있었다. 주방에서의 머무는 시간이 줄고 별도의 식사준비를 가지지 않는 상태로 주방 공간의 축소를 원하는 시니어도 있었다. 안전을 위한 보조장치에 대하여는 80대 이상의 고령자 중심에서 선호도가 나타났다. '벽난로' 설치에 관한 의견은 3.9%로 가장 낮았다. 평형대가 넓고 따뜻함을 가지고자 하는 일부 시니어들에게서 선택되었다.

[그래프 9] 가장 높은 이미지는 '간결하고 현대적인 이미지'와 '부드럽고 따뜻한 이미지'로 28.6%의 동일한 수치로 나타났으며 총 56.2%의 절반이 넘는 높은 선택을 보였다. 트렌드와 유사함을 가지고 군더더기 없이 깔끔한 형태로 기능적이면서 세련미를 주는 이미지를 선호하였다. 더불어 유하면서 부드럽고 포근함을 가질 수 있는 은은한 색상을 선호하였다. 다음으로 16.3%의 '한국적인 전통이미지'를 꼽았으며 일부적으로 보편화된 서양화(化)로부터 정서적 안정감을 우리 것으로 전환이 있었으면 좋겠다는 의견이 있었다. '발랄하고 산뜻한 이미지'가 10.2%로 나타났다. 마지막으로 '화려하고 장식적인 이미지'와 '고전적인 이미지'가 동일하게 8.2%로 가장 낮은 선호도를 나타냈다.

■ 삼성 노블카운티(Noble County)

위치 : 경기도 용인시 기흥구 하갈동 490

유형 : 도심근교형 / 사설 유료 시니어주거시설

시설개관 : 2001년 5월

홈페이지 : http://www.samsungnc.com

정보 및 이미지 출처

삼성 노블카운티 홈페이지
http://www.samsungnc.com

노블카운티 안내책자

[주요 시설 및 공용공간 서비스 프로그램]

- 너싱홈   - 의료센터

- 스포츠센터   - 삼성어린이집

- 문화센터   - 유아체능단

- 식당/예식   - 생활편이시설 등

[그래프 10]
설문자 인적사항 - 삼성 노블카운티

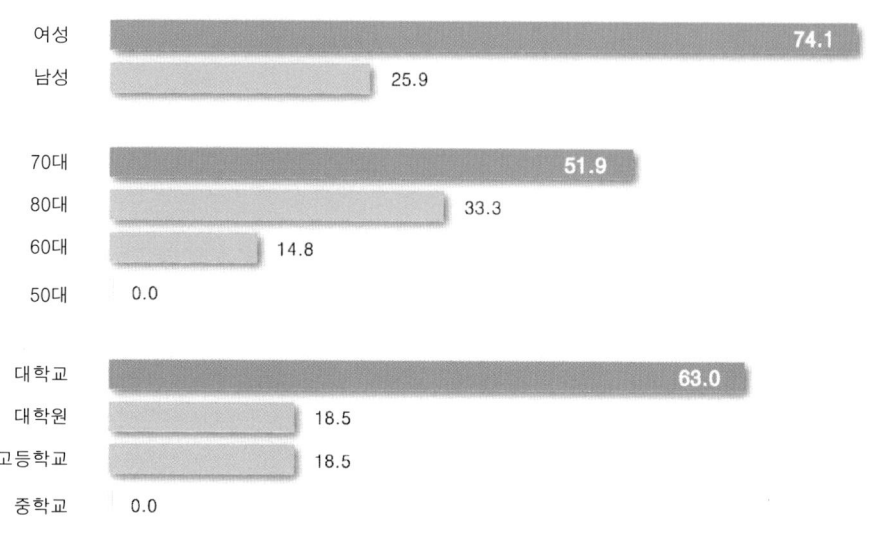

여성	74.1
남성	25.9

70대	51.9
80대	33.3
60대	14.8
50대	0.0

대학교	63.0
대학원	18.5
고등학교	18.5
중학교	0.0

[그래프 11]
은퇴 이후 지속적 생활에 대한 걱정사항 - 삼성 노블카운티

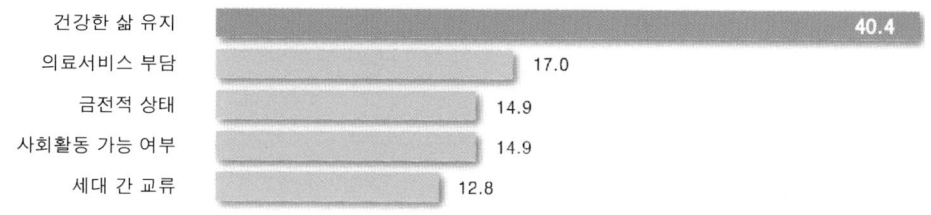

건강한 삶 유지	40.4
의료서비스 부담	17.0
금전적 상태	14.9
사회활동 가능 여부	14.9
세대 간 교류	12.8

은퇴하고 어디서 어떻게 살까?

[그래프 10] 여성 참여자가 74.1%로 참여자 중 가장 많은 비중을 차지하였다. 남성비율이 25.9%를 차지하고 있었다. 대부분 커뮤니티에 참여하고 있는 성별 중 여성이 과반수 이상을 차지하고 있었다.

연령 면에서 70대 참여자가 51.9%로 가장 많았다. 80대가 33.3%, 60대가 14.8%의 참여로 이루어졌으며 50대는 없었다. 학력으로는 대학교 졸업이 63%로 가장 높았으며 박사 출신자를 포함한 대학원 졸업이 18.5로 고등학교 졸업이 동일하게 집계되었다. 대부분 학력수준이 높았으며 지속적인 전문업을 유지하는 여러 시니어들이 거주하고 있었다.

[그래프 11] 은퇴 이후 지속적 생활에 걱정되는 사항으로 삼성 노블카운티에서 가장 높이 선택된 항목은 '건강한 삶 유지'로 40.4%를 나타냈다. 삶을 연명하여 오래 지속성을 가지는 것보다 건강을 유지하는 것을 우선적으로 꼽았다. 다음으로 '의료서비스 부담'에 대하여 17%를 나타냈으며 향후 위급상황에 대비하여 지출될 의료지원비를 고려하였다. '금전적 상태'와 '사회활동 가능 여부'가 동일하게 14.9%를 나타내며 일부적으로 고려하는 것으로 파악되었다. 가장 낮은 항목은 12.8%의 '세대 간 교류'로 집계되었으며 가족 간의 세대 간 교류에 관하여 걱정될 만한 사항으로 여기는 시니어들이 적은 편이었다. 기타의견으로 '크게 걱정되는 일 없는 편임'과 주어진 환경을 즐기며 여생을 건강하게 보내기를 바라는 의견이 있었다.

[그래프 12] CCRC를 선택하는 이유 중 '안전 및 보호받는 시설'이 13.8%로 가장 높았다. 마음 편히 안전을 보장하는 환경을 우선시하는 것으로 파악되었다. 다음으로 '지속적인 건강관리'가 12.5%로 나타났다. 인터뷰 내용 중 여러 시니어들이 심신을 건강하게 유지할 수 있는 관리가 가능한 환경을 중요하게 생각하고 있었다. '정돈되고 쾌적한 환경'이 11.2%로 세 번째로 높았으며 위생과 단정한 환경을 높이 추구하는 것을 알 수 있다. '불편한 상태로부터 개

[그래프 12]
CCRC를 선택하는 이유
- 삼성 노블카운티

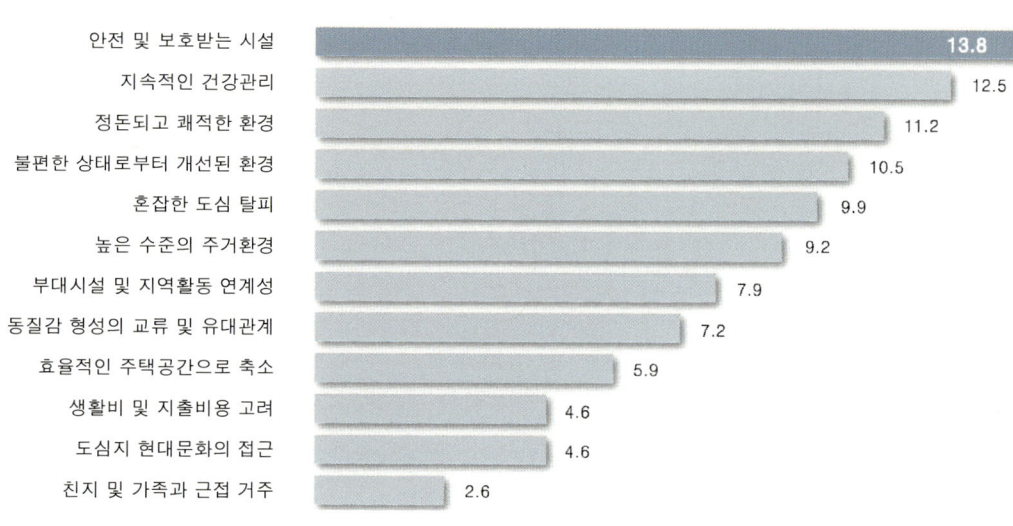

안전 및 보호받는 시설	13.8
지속적인 건강관리	12.5
정돈되고 쾌적한 환경	11.2
불편한 상태로부터 개선된 환경	10.5
혼잡한 도심 탈피	9.9
높은 수준의 주거환경	9.2
부대시설 및 지역활동 연계성	7.9
동질감 형성의 교류 및 유대관계	7.2
효율적인 주택공간으로 축소	5.9
생활비 및 지출비용 고려	4.6
도심지 현대문화의 접근	4.6
친지 및 가족과 근접 거주	2.6

[그래프 13]
CCRC의 서비스와 관리운영 만족도 - 삼성 노블카운티

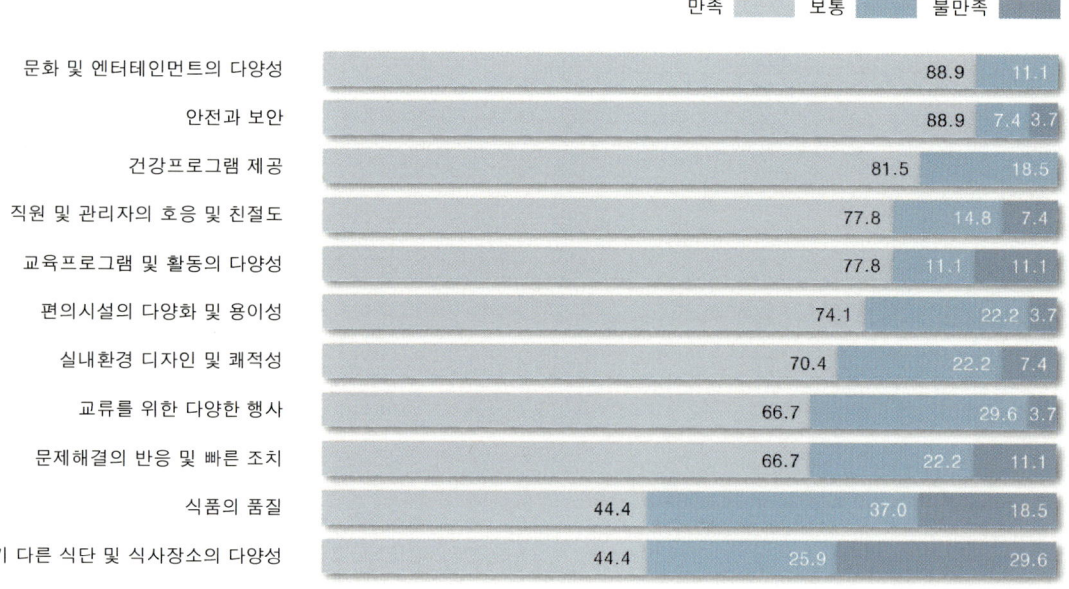

만족   보통   불만족

	만족	보통	불만족
문화 및 엔터테인먼트의 다양성	88.9	11.1	
안전과 보안	88.9	7.4	3.7
건강프로그램 제공	81.5	18.5	
직원 및 관리자의 호응 및 친절도	77.8	14.8	7.4
교육프로그램 및 활동의 다양성	77.8	11.1	11.1
편의시설의 다양화 및 용이성	74.1	22.2	3.7
실내환경 디자인 및 쾌적성	70.4	22.2	7.4
교류를 위한 다양한 행사	66.7	29.6	3.7
문제해결의 반응 및 빠른 조치	66.7	22.2	11.1
식품의 품질	44.4	37.0	18.5
각기 다른 식단 및 식사장소의 다양성	44.4	25.9	29.6

선된 환경'에 대하여 10.5%의 선택집계가 이루어졌다. '혼잡한 도심 탈피'에 대하여 9.9%로 나타났다. 다음으로 '높은 수준의 주거환경'이 9.2%로 상위에 해당하는 위의 항목들은 시설의 상태와 환경적 요인이 우선임을 알 수 있다. 부대시설 및 지역활동 연계성이 7.9%, '동질감 형성의 교류 및 유대관계'에 대하여 7.2%로 나타났으며 활동적인 연계성에 대하여 중간등급의 이유로 선택하였다. '효율적인 주택공간으로 축소'가 5.9%, '생활비 및 지출비용 고려' 와 '도심지 현대문화의 접근'에 대하여 동일한 4.6%, 마지막으로 가장 낮은 수치를 보인 '친지 및 가족과 근접 거주'가 2.6%로 소수의 선택하에 이루어졌다. 기타의견으로 동질감을 가진 친구가 형성되었다가 헤어지는 경우에 심각한 외로움을 가지는 글을 작성한 시니어의 의견으로는, 환경을 이동하는 것에 큰 이유를 '적응'이라고 보고 있었다. 가장 큰 이유 중 식단에 따른 음식이 맞지 않아 환경을 바꾸는 사례가 있어 개선책이 필요함을 기록하였다. 한편, CCRC의 선택 이유 중 '가사노동에서 해방'을 우선적인 이유로 기록하였으며 '식사 만들기의 번거로움 탈피' 등의 주방 및 살림의 일에서 벗어나고자 하는 다수의 의견이 있었다.

[그래프 13] CCRC의 서비스와 관리운영 만족도에 대하여 삼성 노블카운티에서 가장 높은 만족도를 보인 것은 '문화 및 엔터테인먼트의 다양성'으로 88.9%의 높은 만족을 나타냈다. 보통이 11.1%, 불만족이 0%로 집계되며 상당히 좋은 평가를 이루고 있었다. 오랫동안 운영된 노블카운티에서는 다양하고 새로운 참여프로그램을 적용하고 있다. 어렵지 않고 즐거움을 찾을 수 있으며 교류가 가능한 문화 및 엔터테인먼트의 다양함을 목록화하고 있다. 동일한 88.9% 만족수치를 보인 '안전과 보안'은 보통 7.4%, 불만족 3.7%를 나타내고 있다. 다음으로 '건강프로그램 제공'에 대하여 만족 81.5%, 보통 18.5%, 불만족 0%를 보이며 대체로 높은 만족도를 보이고 있다. '직원 및 관

[그래프 14]
**CCRC 커뮤니티 편의 및
필요시설 - 삼성 노블카운티**

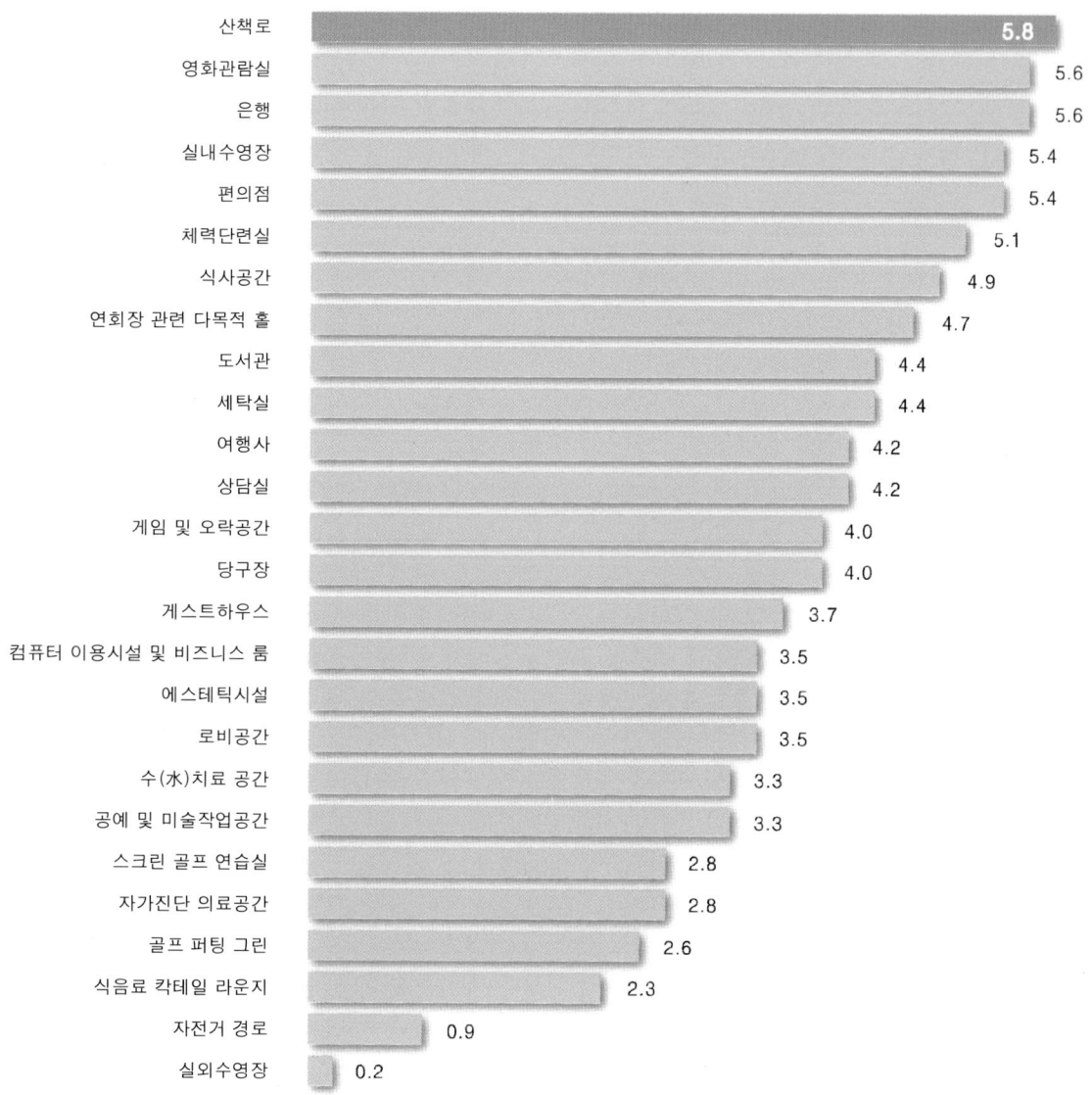

항목	값
산책로	5.8
영화관람실	5.6
은행	5.6
실내수영장	5.4
편의점	5.4
체력단련실	5.1
식사공간	4.9
연회장 관련 다목적 홀	4.7
도서관	4.4
세탁실	4.4
여행사	4.2
상담실	4.2
게임 및 오락공간	4.0
당구장	4.0
게스트하우스	3.7
컴퓨터 이용시설 및 비즈니스 룸	3.5
에스테틱시설	3.5
로비공간	3.5
수(水)치료 공간	3.3
공예 및 미술작업공간	3.3
스크린 골프 연습실	2.8
자가진단 의료공간	2.8
골프 퍼팅 그린	2.6
식음료 칵테일 라운지	2.3
자전거 경로	0.9
실외수영장	0.2

리자들의 호응 및 친절도'는 만족 77.8%, 보통 14.8%, 불만족 7.4%로 나타났다. '교육프로그램 및 활동의 다양성'에 대하여 77.8%의 만족, 보통과 불만족이 각 11.1%로 동일하게 나타냈다. '편의시설의 다양화 및 용이성'은 만족 74.1%, 보통 22.2%, 불만족 3.7%로 집계되었으며 '실내환경 디자인 및 쾌적성'의 만족은 70.4%였으며 보통이 위 '편의시설의 다양화 및 용이성과 같은 22.2%로 다수의 선택이 있었다. 불만족은 3.7%였다. '교류를 위한 다양한 행사'에 대하여 만족 66.7%, 보통 29.6%, 불만족 3.7%로 나타났다. '문제해결의 반응 및 빠른 조치'의 만족은 66.7%였으며 보통 22.2%, 불만족 11.1%였다. '식품의 품질'과 '각기 다른 식단 및 식사장소의 다양성'에 만족도가 동일한 44.4%로 가장 낮게 나타났다. '식품의 품질'에서 보통 37%, 불만족 18.5%로 집계되었다. '각기 다른 식단 및 식사장소의 다양성'에서 보통 25.9%, 불만족 29.6%로 가장 높은 불만족 항목으로 선택하였다. 음식에 따른 불만족이 높은 것에 의견수립 및 개선책이 필요하다고 여겨진다.

[그래프 14] CCRC 편의 및 필요시설의 설문에서 산책로가 5.8%로 가장 필요요소로 꼽혔다. 시니어들에게 휴식과 더불어 간단한 운동이 될 수 있는 산책로는 필수항목으로 여기고 있었다. 다음으로 '영화관람실'이 '은행'과 같은 5.6%의 수치로 나타났다. 실제 영화관람에 관하여 많은 참여가 이루어지고 있었으며 빈번하게 이용하는 은행에 관하여 필요한 우선항목으로 선택하였다. '실내수영장'과 '편의점'이 동일한 5.4%로 나타났다. 다음으로 '체력단련실'이 5.1%로 집계되면서 5% 내 상위 선택된 항목이 주로 건강관련사항 및 일상생활관리를 위한 것으로 볼 수 있다. '식사공간'이 4.9%로 나타났으며 다양한 공간으로 이벤트 및 행사등이 이루어지는 활동공간인 '연회장 및 다목적 홀'은 4.7%였다. 4.4%의 동일한 항목은 '도서관'과 '세탁실'이었다. 다음으로 '여행사'와 '상담실'이 4.2%로 나타나며 대화와 문의가 이루어질 수 있는 항목에도 다수의 선택이 이루어졌다. '게임 및 오락공간'과 '당구장'이 4.0%

[그래프 15]
CCRC의 필요한 서비스
지원 – 삼성 노블카운티

서비스	값
시설 유지 및 보수 서비스	13.9
교통 지원 서비스	13.9
주택공간 청소 서비스	13.9
건강 클리닉 서비스	13.9
택배 및 우편관리 대행 서비스	13.3
전문간호 서비스	12.8
은행 및 재정관리 서비스	11.1
전문상담 서비스	7.2

[그래프 16]
CCRC 커뮤니티에서 선호
하는 프로그램 – 삼성 노블
카운티

프로그램	값
문화 프로그램	19.7
엔터테인먼트 프로그램	18.1
웰빙 프로그램	15.7
컴퓨터 및 웹기반 교육 프로그램	14.2
트레이너 피트니스 프로그램	11.8
자원봉사 및 재능기부 프로그램	11.0
세대 간 융합 프로그램	9.4

로 같은 수치로 나타났다. 다음으로 게스트 하우스가 3.7%였다. '컴퓨터 이용시설 및 비즈니스 룸', '에스테틱 시설', '로비공간'이 같은 3.5%의 필요시설 항목으로 선택되었다. '수(水)치료 공간'과 '공예 및 미술작업공간'이 각 3.3%였다. 다음은 필요시설에서 3% 미만의 낮은 수치로 나타난 항목들이다. '스크린 골프 연습실', '자가진단 의료공간'이 동일한 2.8%로 나타났다. '골프 퍼팅 그린'이 2.6%, '식음료 칵테일 라운지'에 관하여 2.3%로 나타났다. 자전거 경로는 0.9%의 낮은 수치였으며 가장 낮은 0.2%의 수치는 '실외수영장'이었다. 기타 의견으로 간단한 옷 수선실의 요청 및 감독이 필요함을 나타냈다. 이용실 비용의 과다함을 지적하기도 하였다. 체력단련실의 환경이 좀 더 효율적으로 배치될 필요와 스트레칭 매트 및 운동을 위한 보조도구의 필요 및 낡은 운동기구의 교체를 기록하며 개선을 요청하기도 하였다. 그리고 사용이 적은 상담실은 컴퓨터 이용시설 및 비즈니스룸으로 사용하자는 개선사항이 기록되었다.

[그래프 15] CCRC의 필요한 서비스지원에 관하여 '시설 유지 및 보수 서비스', '교통 지원 서비스', '주택공간 청소 서비스', '건강 클리닉 서비스'에서 같은 13.9%의 상위요소로 나타났다. 다음으로 '택배 및 우편관리 대행 서비스' 항목에 대하여 13.3로 나타났으며 실제로 작은 우편물도 대행하여 발송 및 보관하며 전달하는 서비스가 빈번하게 이루어지고 있다. '전문 간호 서비스'는 12.8%, '은행 및 재정관리 서비스'가 11.1%로 나타났다. 가장 낮은 항목으로는 '전문상담 서비스'로 7.2%를 나타냈다. 대체적으로 골고루 필요서비스로 나타났으며 유사한 수치로 집계되면서 대부분 중요하고 필요한 서비스지원으로 인식하고 있음을 알 수 있다. 기타 의견으로 '취미·여가 서비스 지원'이 추가 항목으로 필요함을 나타냈으며 전자레인지를 전자버튼식으로 교체할 것을 요청하며 낙후된 기구 사용의 개선사항을 기록하였다.

CCRC '주거공간' 內
필요항목 - 삼성 노블카운티

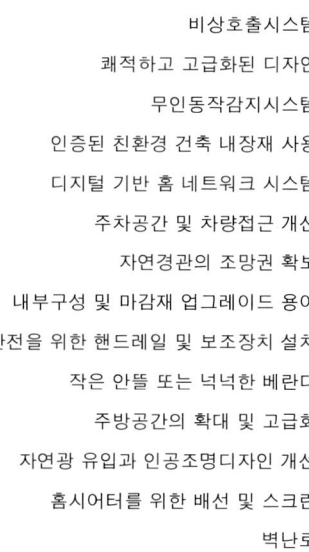
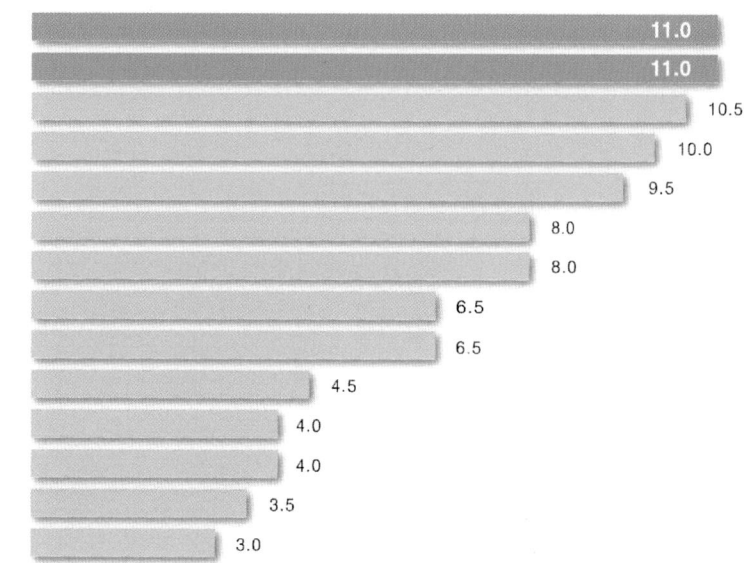

항목	값
비상호출시스템	11.0
쾌적하고 고급화된 디자인	11.0
무인동작감지시스템	10.5
인증된 친환경 건축 내장재 사용	10.0
디지털 기반 홈 네트워크 시스템	9.5
주차공간 및 차량접근 개선	8.0
자연경관의 조망권 확보	8.0
내부구성 및 마감재 업그레이드 용이	6.5
안전을 위한 핸드레일 및 보조장치 설치	6.5
작은 안뜰 또는 넉넉한 베란다	4.5
주방공간의 확대 및 고급화	4.0
자연광 유입과 인공조명디자인 개선	4.0
홈시어터를 위한 배선 및 스크린	3.5
벽난로	3.0

[그래프 18]

CCRC '주거공간' 선호
디자인 이미지 - 삼성 노블
카운티

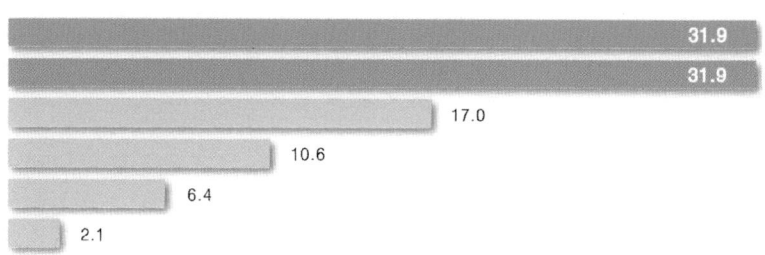

항목	값
간결하고 현대적인 이미지	31.9
부드럽고 따뜻한 이미지	31.9
한국적인 전통이미지	17.0
고전적인 이미지	10.6
발랄하고 산뜻한 이미지	6.4
화려하고 장식적인 이미지	2.1

[그래프 16] CCRC 커뮤니티에서 선호하는 프로그램에서 가장 선호하는 프로그램은 '문화 프로그램'으로 19.7%로 나타났다. 다음으로 '엔터테인먼트 프로그램'이 18.1%로 [그래프 13]에서 가장 만족도가 높았던 '문화 및 엔터테인먼트의 다양성'에 관한 운영과의 연관성을 짚어 볼 수 있다. 선호도가 높은 항목에 대하여 다양한 콘텐츠 제공으로 가장 높은 만족도를 가지는 점은 거주자인 시니어의 요구에 적절히 대응된 것으로 여겨진다. '컴퓨터 및 웹기반 교육 프로그램'에 대하여 14.2%로 집계되었다. 다음으로 '트레이너 피트니스 프로그램'이 11.8%, '자원봉사 및 재능기부 프로그램'은 11%로 나타났다. 가장 낮은 항목으로 '세대 간 융합 프로그램'이 9.4%였다.

가족 간의 관계를 자연스러운 형성이 가능한 집단으로, 특별 프로그램 적용과 별개로 여기는 시니어들이 많았다.

[그래프 17] CCRC '주거공간' 內 필요항목으로 '비상호출시스템'과 '쾌적하고 고급화된 디자인'이 동일한 11%로 가장 높았다. 안전과 안락한 환경을 추구함을 알 수 있다. 다음으로 '무인동작감지시스템'이 10.5%로 나타났으며 비상시 대비를 위한 필요항목으로 여기고 있었다. '인증된 친환경 건축 내장재 사용'에 관하여 10%의 선택 집계를 보였다. '디지털 기반 홈 네트워크 시스템'이 9.5%로 나타났다. '주차공간 및 차량접근 개선'과 '자연경관의 조망권 확보'가 같은 8%로 나타났다. 상위항목으로 안전과 편리함이 추구되는 항목이 우선적으로 선택되어진 것을 알 수 있다. 다음으로 '내부구성 및 마감재 업그레이드 용이' 항목과 '안전을 위한 핸드레일 및 보조장치 설치'가 각 6.5%의 동일한 수치를 보였으며 '작은 안뜰 또는 넉넉한 베란다'에 대하여 4.5%였다. '주방공간의 확대 및 고급화'와 '자연관 유입과 인공조명디자인 개선'이 4%로 같은 수치를 나타냈다. '홈시어터를 위한

배선 및 스크린'이 3.5%, '벽난로'가 3%의 가장 낮은 항목으로 꼽혔다. 하위항목에 대하여는 장식적이거나 선택적인 사항으로 여겨 필요항목에서 취향에 따라 선택된 것을 알 수 있다. 기타 의견으로 천정 내부, 벽에서 습기차지 않는 시설유지 및 곰팡이 억제 등의 관리문제를 기록하였다. 안전과 편리성을 위하여 주거공간 안에서 누워서 소등할 수 있는 리모콘 또는 다른 장치 설치에 대하여 다수의 요청이 있었다. 혼합한 주차공간의 질서 유지 및 장애인의 편안한 주차공간 확보를 위한 관리를 기록하기도 하였다.

[그래프 18] CCRC '주거공간' 선호 디자인 이미지에 대하여 '간결하고 현대적인 이미지'와 '부드럽고 따뜻한 이미지'가 동일한 31.9%로 집계되며 총 63.8%의 높은 선호도를 나타냈다. 대체적으로 단순하고 깔끔한 형태를 추구하고 온화하고 편안한 색감과 디자인을 추구하고 있었다. '한국적인 전통이미지'가 17%로 우리 생활에 익숙하면서 개선된 한국적인 현대화를 추구하는 다수의 시니어의 의견이 있었다. '고전적인 이미지'가 10.6%, '발랄하고 산뜻한 이미지'는 6.4%로 나타났다. 마지막으로 '화려하고 장식적인 이미지'가 2.1%의 가장 낮은 항목으로 집계되었다.

■ 소결

설문에 관한 각 CCRC의 내용을 살펴보면, 설문 참여자에서 '더헤리티지'는 설문 참여자 남여성별 비율이 약 4.1:5.9로 적정비율 참여가 이루어졌으며 '삼성 노블카운티'에서 설문 참여자 남녀 성별 비율은 약 2.6:7.4로 여성 비율이 높은편이었다.

은퇴 이후 지속적인 생활에 관한 걱정사항이 약간의 비율적 차이는 있었으나 '건강한 삶 유지'의 우선순위를 비롯하여 같은 순차적 결과로 나타났다.

각 CCRC를 선택한 이유가 다르게 나타나며 지역적, 환경적, 운영 등의 차별화를 보였다. '더헤리티지'에서는 '정돈되고 쾌적한 환경'을 가장 우선순위로 선택한 이유를 나타낸 반면, '삼성 노블카운티'에서는 '안전 및 보호받는 시설'을 우선순위로 나타냈다. 두 번째 채택된 항목은 동일한 '지속적인 건강관리'로 시니어에게 공통적으로 건강에 관한 높은 고려사항임을 재확인할 수 있다. 세 번째로 '더헤리티지'에서는 '높은 수준의 주거환경' 네 번째로 '안전 및 보호받는 시설'로 선택하였다. '삼성 노블카운티'에서는 세 번째로 '정돈되고 쾌적한 환경' 네 번째로 '불편한 상태로부터 개선된 환경'을 선택하며 각 CCRC의 일부는 같으면서도 상이한 이유를 살펴볼 수 있다.

서비스 및 관리운영 측면에서의 만족도에 관한 질문에도 상이한 결과를 살펴볼 수 있다. '더헤리티지'에서는 '직원 및 관리자의 호응 및 친절도'가 가장 높은 만족도로 나타났다. '삼성 노블카운티'에서는 '문화 및 엔터테인먼트의 다양성'에 관한 큰 만족도를 나타냈다. '더헤리티지'에서는 대체로 실내·외 환경 및 편의성에 높은 만족도가 '삼성 노블카운티'에서는 다양한 프로그램과 활동성에 관한 만족도가 높았다. 식품과 식사 관련한 항목은 두 CCRC 모두 만족도가 가장 저조하였다. 오감에서 가장 민감하게 반응하며 쉽게 싫증을 가질 수 있는 음식에 관하여 시니어에 적합한 질 높은 건강한 음식 제공에 많은 관심을 가져야 할 것이다. 다양한 식단과 분위기를 전달할 수 있는 환경과 체계성이 지속적으로 반영되어야 할 것이다.

필요시설에 관하여 동일하면서도 부분적 상이한 결과가 나타났다. 산책로, 은행, 영화관람실은 두 곳 모두 우선순위로 꼽은 시설이다. 이 외, 생활지원이 이루어지는 장소를 높은 순위로 채택하였으며 건강관리 측면과 다양한 프로그램 적용가능한 장소성을 대체적으로 선호하고 있었다.

위와 같은 각 CCRC에 관한 설문조사 내용을 통합된 수치로 정리하였다. 대체적으로 시니어에게 필요한 CCRC 환경에 관한 의견을 정리한 내용은 다음에서 살펴볼 수 있다.

[그래프 19]
설문자 인적사항 - 통합

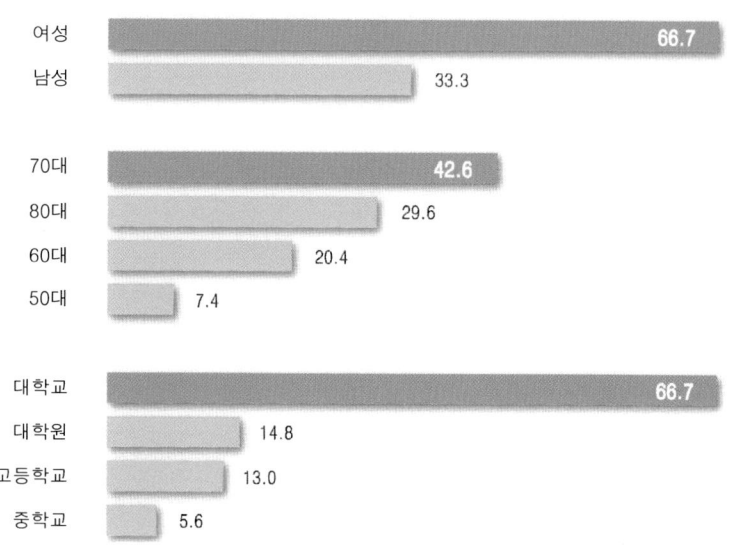

여성	66.7
남성	33.3

70대	42.6
80대	29.6
60대	20.4
50대	7.4

대학교	66.7
대학원	14.8
고등학교	13.0
중학교	5.6

[그래프 20]
**은퇴 이후 지속적 생활에
대한 걱정사항 - 통합**

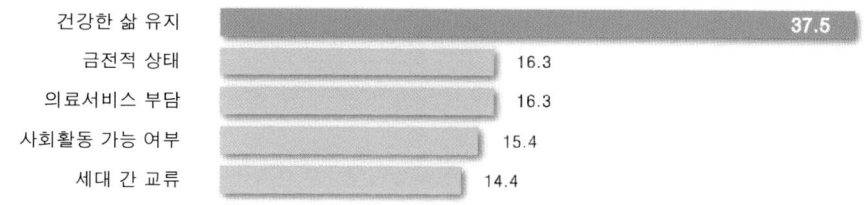

건강한 삶 유지	37.5
금전적 상태	16.3
의료서비스 부담	16.3
사회활동 가능 여부	15.4
세대 간 교류	14.4

은퇴하고 어디서 어떻게 살까?

[그래프 19] 전체 참여인원 중 여성이 66.7%, 남성이 33.3%로 설문에 참여하였다. 참여 연령대를 살펴보면 70대가 42.6%로 가장 높다. 다음으로 80대 29.6%, 60대 20.4% 그리고 50대가 7.4%의 연령 비중을 나타냈다. 학력으로는 대학교 출신 66.7%, 대학원 14.8%로 집계되며 높은 학력자가 81.5%였다. 다음으로 고등학교 13%, 마지막으로 중학교 5.6%로 인적사항이 이루어졌다.

[그래프 20] 은퇴 이후 지속적 생활에 대한 걱정사항으로 '건강한 삶 유지'가 37.5%로 통합적으로 가장 높은 사항으로 나타났다. 다음으로 '금전적 상태'와 '의료서비스 부담'이 16.3%로 동일한 수치로 나오면서 지출에 관한 부담감이 선택되었다. '사회활동 가능 여부'가 15.4%였으며 '세대 간 교류'는 14.4%로 가장 낮은 항목으로 나타났다.

[그래프 21] CCRC를 선택하는 이유가 통합적으로 가장 높은 항목이 '지속적인 건강관리'와 '안전 및 보호받는 시설'이 12.4%로 동일하게 나타났다. 앞서 걱정사항의 건강유지와 상관성을 가지며 이를 반영할 수 있는 시설을 찾는 것을 알 수 있다. 다음으로 정돈되고 쾌적한 환경이 12.1%로 나타났다. '높은 수준의 주거환경'이 10.5%, '불편한 상태로부터 개선된 환경'에 대하여 10.2%로 집계되었다. 상위항목에 관하여 직접적인 시설 중심으로 나타났으며 좋은 구성과 관리체계를 이룬 안전한 주거환경을 선호함을 알 수 있다. 다음으로 '혼잡한 도심 탈피'가 9.6%로 조금은 여유가 있는 조용한 환경을 선호하고 있다. '부대시설 및 지역활동 연계성'이 7.7%, '동질감 형성의 교류 및 유대관계'가 7.1%로 나타났다. '효율적인 주택공간으로 축소'하는 것에 5.3%, 도심지 현대문화의 접근'에 대하여 5%로 부분적으로 선택되어졌다. '친지 및 가족과 근접 거주'가 4%, '생활비 및 지출비용 고려'에 관한 항목이 3.7%로 가장 낮은 항목으로 나타났다.

[그래프 21]
CCRC를 선택하는 이유
- 통합

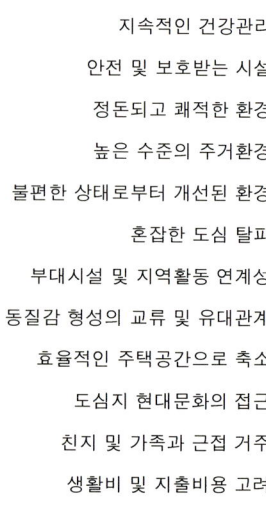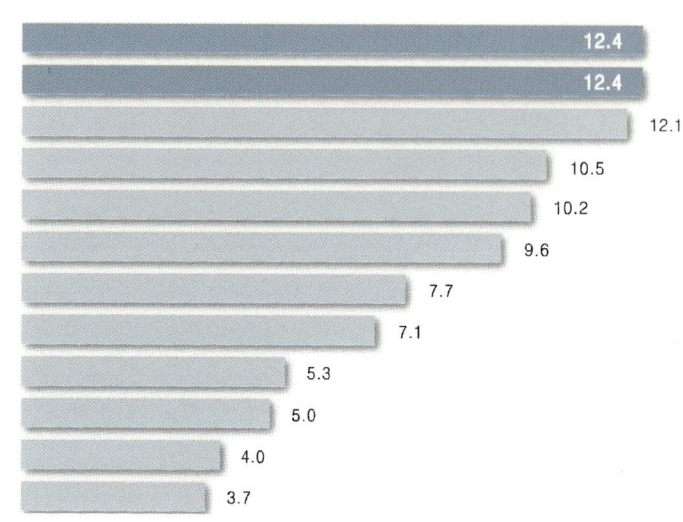

지속적인 건강관리	12.4
안전 및 보호받는 시설	12.4
정돈되고 쾌적한 환경	12.1
높은 수준의 주거환경	10.5
불편한 상태로부터 개선된 환경	10.2
혼잡한 도심 탈피	9.6
부대시설 및 지역활동 연계성	7.7
동질감 형성의 교류 및 유대관계	7.1
효율적인 주택공간으로 축소	5.3
도심지 현대문화의 접근	5.0
친지 및 가족과 근접 거주	4.0
생활비 및 지출비용 고려	3.7

[그래프 22]
CCRC의 서비스와 관리운
영 만족도 - 통합

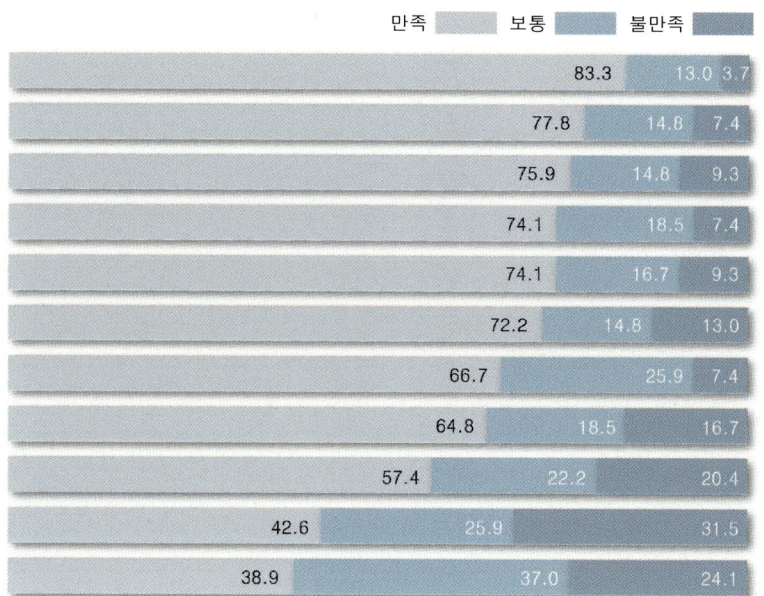

만족 　보통 　불만족

	만족	보통	불만족
직원 및 관리자의 호응 및 친절도	83.3	13.0	3.7
안전과 보안	77.8	14.8	7.4
실내환경 디자인 및 쾌적성	75.9	14.8	9.3
건강프로그램 제공	74.1	18.5	7.4
문화 및 엔터테인먼트의 다양성	74.1	16.7	9.3
편의시설의 다양화 및 용이성	72.2	14.8	13.0
교류를 위한 다양한 행사	66.7	25.9	7.4
교육프로그램 및 활동의 다양성	64.8	18.5	16.7
문제해결의 반응 및 빠른 조치	57.4	22.2	20.4
각기 다른 식단 및 식사장소의 다양성	42.6	25.9	31.5
식품의 품질	38.9	37.0	24.1

[그래프 22] CCRC의 서비스와 관리운영 만족도에 관해 통합적으로 정리된 내용은 다음과 같다. '직원 및 관리자의 호응 및 친절도'에서 83.3%로 가장 높은 만족도로 집계되었다. 보통 13%, 불만족 3.7%로 나타났다. 두 번째로 '안전과 보안' 항목에 대하여 만족 77.8%, 보통 14.8%, 불만족 7.4%로 정리되었다. 세 번째로 '실내환경 디자인 및 쾌적성'에서 75.9%의 만족과 보통 14.8%, 불만족 9.35로 나타났다. 다음으로 '건강프로그램 제공'에서 만족 74.1%, 보통 18.5%, 불만족 7.4%의 상태를 보였다. 동일한 수치의 74.1% 만족을 나타낸 항목은 '문화 및 엔터테인먼트의 다양성'으로 보통 16.7%, 불만족 9.3%였다. '편의시설의 다양화 및 용이성'에 대하여 만족 72.2%, 보통 14.8%, 불만족 13%를 나타났다. '교육프로그램 및 활동의 다양성'에서는 만족 64.8%, 보통 18.5%, 불만족 16.7%였다. '문제해결의 반응 및 빠른 조치'에 관히여 만족 57.4% 보통 22.2%, 불만족 20.4%로 절반 수준의 만족도로 관리 측면의 개선이 필요함을 알 수 있다. 가장 만족도가 저조한 항목은 음식에 관한 부문으로 '각기 다른 식단 및 식사장소의 다양성'에 대하여 42.6%만이 만족을 나타냈다. 보통 25.9%, 불만족 31.5%였다. 또한 가장 낮은 수치를 보인 것은 '식품의 품질'에 관한 항목이었으며 만족도가 38.9%에 그쳤다. 보통 37%, 불만족 24.1%로 나타났다.

[그래프 23] CCRC 커뮤니티 편의 및 필요시설의 설문에 관하여 통합된 내용 중 '산책로', '영화관람실', '은행'이 동일한 5%로 가장 필요한 시설로 꼽혔다. 다음으로 '편의점' 5.2%, '체력단련실' 5.1%, '실내수영장'이 5%로 나타나며 상위 5%에 해당하는 항목으로 살펴볼 수 있다. '세탁실', '식사공간'이 같은 4.8%의 수치를 보였으며, '도서관'이 4.6%의 집계를 나타냈다. '연회장 관련 다목적 홀'과 '로비공간'이 동일한 4.3%였으며 '게스트하우스'와 '에스테틱 시설'이 4.0%의 같은 수치로 나타났다. 다음으로 '게임 및 오락공간'과 '상담실'이

[그래프 23]
**CCRC 커뮤니티 편의 및
필요시설 - 통합**

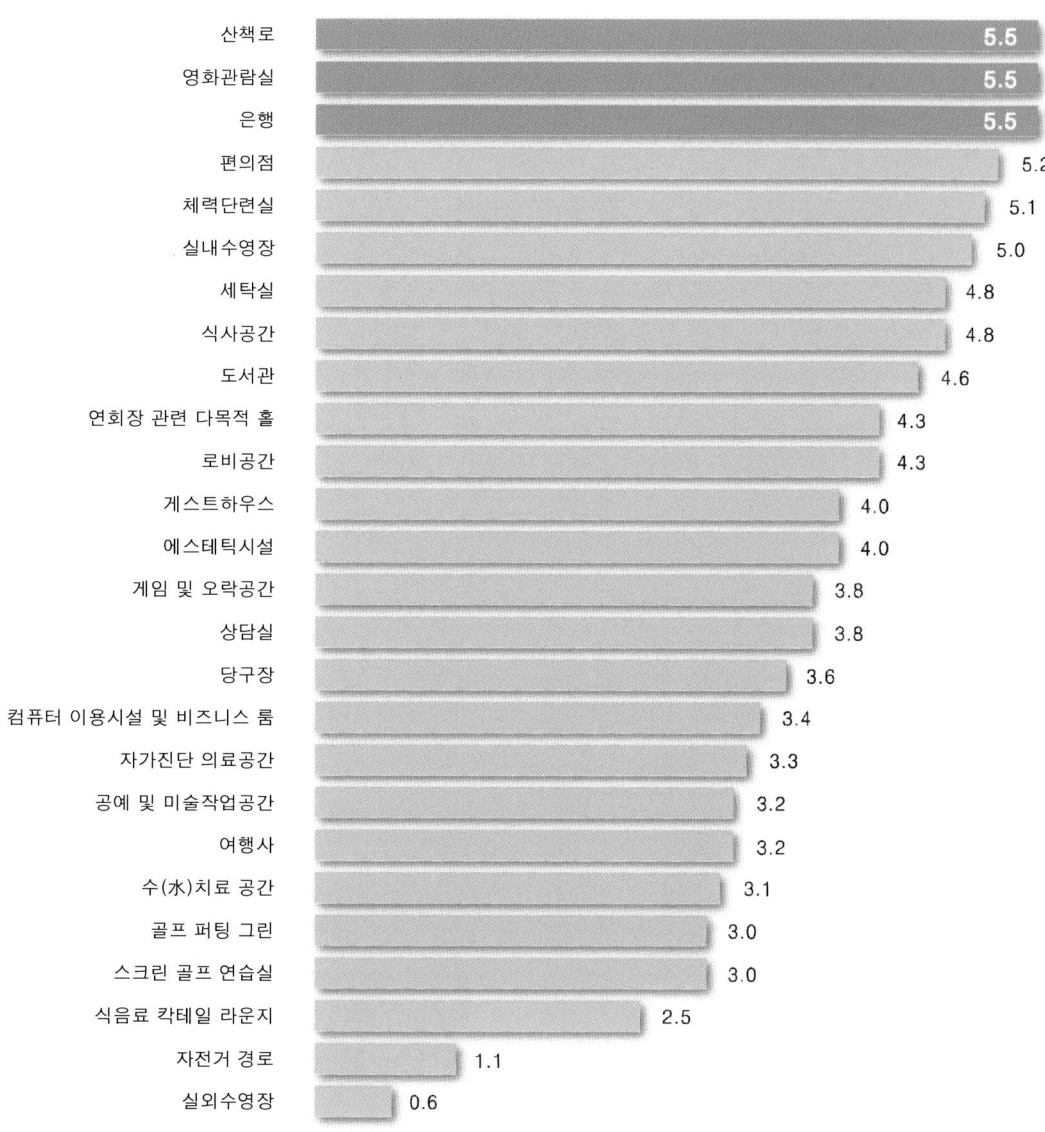

시설	점수
산책로	5.5
영화관람실	5.5
은행	5.5
편의점	5.2
체력단련실	5.1
실내수영장	5.0
세탁실	4.8
식사공간	4.8
도서관	4.6
연회장 관련 다목적 홀	4.3
로비공간	4.3
게스트하우스	4.0
에스테틱시설	4.0
게임 및 오락공간	3.8
상담실	3.8
당구장	3.6
컴퓨터 이용시설 및 비즈니스 룸	3.4
자가진단 의료공간	3.3
공예 및 미술작업공간	3.2
여행사	3.2
수(水)치료 공간	3.1
골프 퍼팅 그린	3.0
스크린 골프 연습실	3.0
식음료 칵테일 라운지	2.5
자전거 경로	1.1
실외수영장	0.6

각 3.8%였으며 '당구장'이 3.6%로 집계되었다. '컴퓨터 이용시설 및 비즈니스 룸' 3.4%, '자가진단 의료공간' 3.3%였으며 '공예 및 미술작업공간'과 '여행사'사 각 3.2%로 나타났다. '수(水)치료 공간이 3.1%, '골프 퍼팅 그린'과 '스크린 골프 연습실'이 같은 3%로 집계되었다. '식음료 칵테일 라운지'가 2.5%로 나타났으면 '자전거 경로'가 1.1%의 낮은 수치를 보였다. 필요시설에서 가장 낮은 항목은 '실외수영장'으로 0.6%로 나타났다. 시니어에게 어떠한 활동에 관심을 가지며 적극적 참여가 가능한지 참고할 수 있는 사항이다. 주거단지 내에 시니어들이 필요한 서비스 및 프로그램과 같은 소프트웨어와 더불어 공간구조 및 동선체계와 체계적인 실내디자인 하드웨어적인 환경과의 연계성을 살펴볼 수 있다.

[그래프 24] CCRC의 필요한 서비스 지원에 관한 통합된 사항 중 가장 높은 항목은 '택배 및 우편관리 대행 서비스'로 14%의 수치로 나타났다. 다음으로 '시설 유지 및 보수 서비스', '주택공간 청소 서비스', '건강 클리닉 서비스'에 대하여 동일한 13.4%로 정리되었다. '교통 지원 서비스', '은행 및 재정관린 서비스'에서 13.1%의 같은 수치로 나타났으며 '전문간호 서비스'가 11.3%였다. 대부분 근사치의 수치로 나타나며 대부분 필요한 서비스로 여기고 있었다. 마지막으로 가장 낮은 항목은 '전문상담 서비스'로 8.4%였으며 실제 일부 거주자에 의해 이용되고 있었다. 전문상담에 관하여 주거단지 내에 필요성을 크게 느끼지 못하고 있는 내용의 인터뷰를 접했다.

[그래프 25] CCRC 커뮤니티에서 선호하는 프로그램에서 가장 높은 항목은 '문화 프로그램'이었다. 18.8%의 수치를 나타냈으며 여러 측면에서 진보된 생활을 선호하고 시대에 맞춘 이해력을 가지기를 원하는 시니어가 많다. 다음으로 '엔터테인먼트 프로그램'이 17.6%였다. 활력소를 찾는 시니어들에게 다

[그래프 24]
CCRC의 필요한 서비스
지원 - 통합

택배 및 우편관리 대행 서비스	14.0
시설 유지 및 보수 서비스	13.4
주택공간 청소 서비스	13.4
건강 클리닉 서비스	13.4
교통 지원 서비스	13.1
은행 및 재정관리 서비스	13.1
전문간호 서비스	11.3
전문상담 서비스	8.4

[그래프 25]
CCRC 커뮤니티에서 선호
하는 프로그램 - 통합

문화 프로그램	18.8
엔터테인먼트 프로그램	17.6
웰빙 프로그램	15.2
트레이너 피트니스 프로그램	13.7
컴퓨터 및 웹기반 교육 프로그램	13.3
자원봉사 및 재능기부 프로그램	11.3
세대 간 융합 프로그램	10.2

은퇴하고 어디서 어떻게 살까?

양한 즐거움을 주는 프로그램으로 높은 선호도를 보였다. '웰빙 프로그램'이 15.2%였으며 '트레이너 피트니스 프로그램'은 13.7%였다. '컴퓨터 및 웹기반 교육 프로그램'에 대하여 13.3%로 나타났으며 '자원봉사 및 재능기부 프로그램'에 관하여 11.35%로 집계되었다. 가장 낮은 항목으로 '세대 간 융합 프로그램'이었고 10.2%로 나타났다. 좀 더 나은 환경에서 지속성을 가진 생활을 위하여 시니어에게 삶의 의미 및 심신의 건강한 유지가 가능한 프로그램을 숙고하여 적용하여야 할 것이다.

[그래프 26] CCRC '주거공간' 內 필요항목에 관하여 전체적으로 살펴본 결과 가장 필요한 항목은 '비상호출시스템'이었다. 10.5%였으며 대부분 필요한 우선항목으로 꼽았다. 다음으로 '무인동작감지시스템', '주차공간 및 차량접근 개선', '쾌적하고 고급화된 디자인'에서 동일하게 9%로 나타났다. '디지털 기반 홈 네트워크 시스템' 항목에서 8.6%, '자연경관의 조망권 확보'는 8.4%로 집계되었다. 그리고 '인증된 친환경 건축 내장재 사용' 항목에서 7.95%를 나타내며 상위항목에 대한 집계가 이루어졌다.

다음으로 '작은 안뜰 또는 넉넉한 베란다'에 관하여 6.4%, '내부구성 및 마감재 업그레이드 용이'는 6.2%였다. '안전을 위한 핸드레일 및 보조장치 설치'에 관한 항목에서 5.9%, '자연광 유입과 인공조명디자인 개선'에서는 5.5%, 그리고 '홈시어터를 위한 배선 및 스크린'에 대하여 5.3%로 나타났다. '주방공간의 확대 및 고급화'에 대하여 저조한 4.8%로 집계되며 주방에서 요리시간을 줄이고 활용성 있는 공간을 극대화하는 것을 선호하였다. 마지막으로 '벽난로'에 대하여 일부 선택사항으로 여겼으며 가장 낮은 3.5%로 집계 정리하였다.

[그래프 27] CCRC '주거공간' 선호 디자인 이미지에 관하여 전반적으로 '간결하고 현대적인 이미지'와 '부드럽고 따뜻한 이미지'를 우선적으로 선호하였

[그래프 26]

CCRC '주거공간' 內
필요항목 - 통합

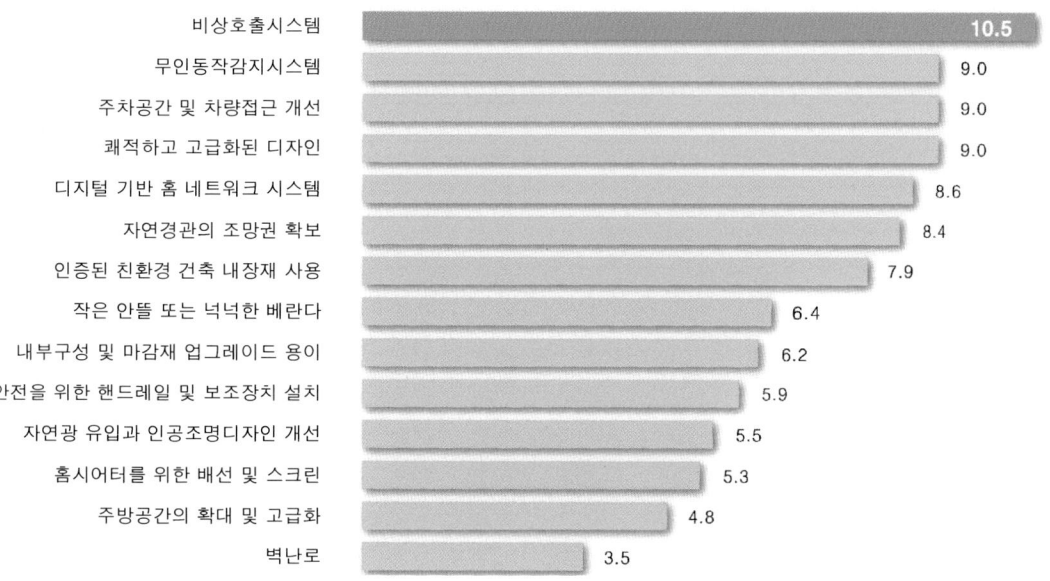

비상호출시스템	10.5
무인동작감지시스템	9.0
주차공간 및 차량접근 개선	9.0
쾌적하고 고급화된 디자인	9.0
디지털 기반 홈 네트워크 시스템	8.6
자연경관의 조망권 확보	8.4
인증된 친환경 건축 내장재 사용	7.9
작은 안뜰 또는 넉넉한 베란다	6.4
내부구성 및 마감재 업그레이드 용이	6.2
안전을 위한 핸드레일 및 보조장치 설치	5.9
자연광 유입과 인공조명디자인 개선	5.5
홈시어터를 위한 배선 및 스크린	5.3
주방공간의 확대 및 고급화	4.8
벽난로	3.5

[그래프 27]

CCRC '주거공간' 선호
디자인 이미지 - 통합

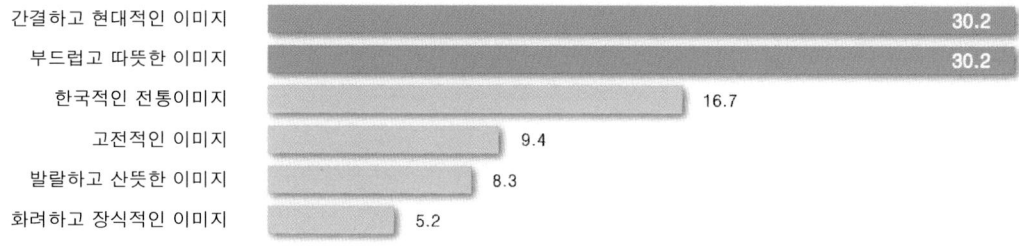

간결하고 현대적인 이미지	30.2
부드럽고 따뜻한 이미지	30.2
한국적인 전통이미지	16.7
고전적인 이미지	9.4
발랄하고 산뜻한 이미지	8.3
화려하고 장식적인 이미지	5.2

은퇴하고 어디서 어떻게 살까?

다. 두 항목에 관하여 동일한 30.2%의 수치로 집계되었으며 전체 중 60.4%에 해당하는 높은 선호도를 보였다. 다음으로 '한국적인 전통이미지'가 16.7%로 나타났으며 '고전적인 이미지'가 9.4%였다. '발랄하고 산뜻한 이미지'가 8.3%로 낮은 수치를 보였으며 가장 낮은 항목으로는 '화려하고 장식적인 이미지'였으며 5.2%의 수치로 정리되었다.

본 장에서 정리한 설문에 관한 내용은 다음과 같다.

전체적으로 설문에 응한 총 100명으로 진행되었으며 각각에 관한 성별은 여성 66.7%, 남성 33.3%로 나타났다. 실제적으로 공동체 활동에 있어서 여성의 참여도가 높았다. 응답자의 42.6%가 70대로 절반에 가까운 비율이었다. 80대가 넘어서면서 활동이 저조해지고 집중력이 떨어지는 현상으로 인하여 공용공간에 머물거나 참여빈도가 적은 것으로 보여진다. 60대의 경우는 활동성이 왕성한 액티브 노년기에 해당하며 은퇴시점을 65세로 기준하여 거주빈도가 낮은 편이었다. 따라서 CCRC의 활성화를 위하여 70대 중심의 활동과 요구사항 및 여러 특성을 잘 반영하여야 할 것으로 여겨진다.

대체적으로 교육수준이 높은 편이어서 자아개념과 필요사항들이 무엇인지를 인식하는 자존감이 높은 거주자로 이루어져 있다. 이러한 거주자의 동질감에 따른 유대형성과 필요요건들을 살펴 프로그램 및 서비스의 질적 향상과 문화적 대응이 잘 이루어져야 할 것이다.

건강한 삶을 유지하는 걱정사항에 대하여 첫 번째의 고려사항으로 모든 설문참여 시니어의 의견이 동일하였다. 오래 지속되는 노년생활의 기간보다 건강히 지내는 것을 강조하는 의견이 많았다. '무엇이 은퇴 이후의 건강함을 유지하도록 도울 수 있을까?'에 관하여 준비된 환경여건을 우선순위로 꼽았다. 예기치 못한 위급한 사항을 대비한 의료시설의 전문화를 CCRC 입주조건의 필수로 강조하였다. 특성에 맞춘 운동시스템과 건강한 식·음료가 가능한 환경이 필수적으로 언급할 수 있다. 또한 쇠퇴한 상태의 노년시기를 즐겁게 보낼 수 있는 다양한 행사와 참여 가능한 취미여가생활 프로그램의 여부도 한 몫을 한다. 중요한 문제로 금전적 상태도 많은 설문자가 지적하였다. 수입에 비해 고정적 지출을 포함한 소요비용에 대한 금전적 관리에 관한 걱정사항이 높았다. 재무관리의 필요성 및 계획적인 지출을 이루도록 도움을 주는 서비스 항목이 필요함을 나타내었다. 생활함에 있어서 종종 행하여지는 우편 관련 및 거주환경의 점검 등이 CCRC의 필요한 서비스 중 높은 항목으로 나타났다. 낙후된 환경의 개선 및 불편한 여러 가지 환경적 항목들의 조치 등 관리의 중요성을 언급하고 있다. 가장 선호하는 프로그램은 문화 프로그램으로 나타났다. 이러한 것을 미루어 보아 진보하는 문화에 앞선 시니어의 활동성을 반영하고자 하는 욕구를 볼 수 있다. 왕성한 사회활동을 이루었던 시기에 문화의 선도역할을 이룬 현 시니어들에게 발전적 진행형을 이루도록 하는 프로그램은 반드시 필요하다고 여겨진다.

시설적인 측면에서 무조건적으로 산책로가 존재해야 한다 하였다. 이와 더불어 영화관람실과 은행은 시니어에게 필요한 필요시설로 대부분의 응답에서 표기하였다. 특이사항은 정원이 이루어진 공간은 시각적 환경으로 인식하는 경향이 컸다. 오히려 주거공간에서 바라보는 역할로 걷는 장소와는 별개로 인식하는 시니어가 많았다. 우리나라 정서에 맞는 좁고 그늘이 질 수 있는 나무와 꽃이 어우러지면서 오솔길 같은 산책공간을 선호하였다. 또 다른 특이사항은 수(水)치료공간에 관한 인식이었다. 현 시점에서 시니어의 신체적 특성을 반영한 수(水)치료공간에 관하여 필요성 인식이 적은 편이었다. 어떤 역할을 하는지에 대하여 정보가 부족함이 큰 이유였다. 수(水)치료공간에 관한 명칭을 '치료'의 의미를 배제한 스파[SPA]로 전환하여 사용하는 것이 나을 것이다. 다음으로 실내수영장에서 동일시하는 물(水) 공간으로 통합하는 것이 좀 더 융통성 있게 활용되어 많은 활성화가 이루어질 수 있을 것이다.

여러 측면에서 대동소이한 결과가 나타난 점에서 본 설문지의 의의가 크다. 참여자 대부분의 의견이 일치하거나 비슷하였다. 계획한 인원수보다 절반에 이르는 설문에 이르러 아쉬움이 있었으나 결론적인 측면에서 시니어의 의견을 이끌 수 있는 설문의 형태와 요구에 따른 방향점을 찾을 수 있었다. 이로써 개선사항에 따라 차기 준비를 이루었다.

전반적으로 시니어들에게 필요한 것은 정서적 안정감을 가질 수 있는 요건들이 먼저 충족되어야 한다는 것을 알 수 있었다. 편안함과 사람 사는 대화와 반가움을 가질 수 있는 교류, 여생의 동반자 같은 환경에서의 포근함이 그들에게 필요로 하였다. 이러한 심리적 상태를 잘 파악하여 근본적인 만족을 주는 것을 시작으로 자연스러운 프로그램과 요건들이 더해 질 수 있다. 따라서 시설의 체계적 구성을 꾸리기 위하여는 사전적 예측과 현 시니어의 충족을 위한 범주를 살펴, 관리운영 선문가와 시실을 위한 실계 및 디자이니와의 논의를 통한 적절한 방향을 설정함이 필요하다고 본다.

**[그림 1] CCRC의
기본체계도 KEY MAP**

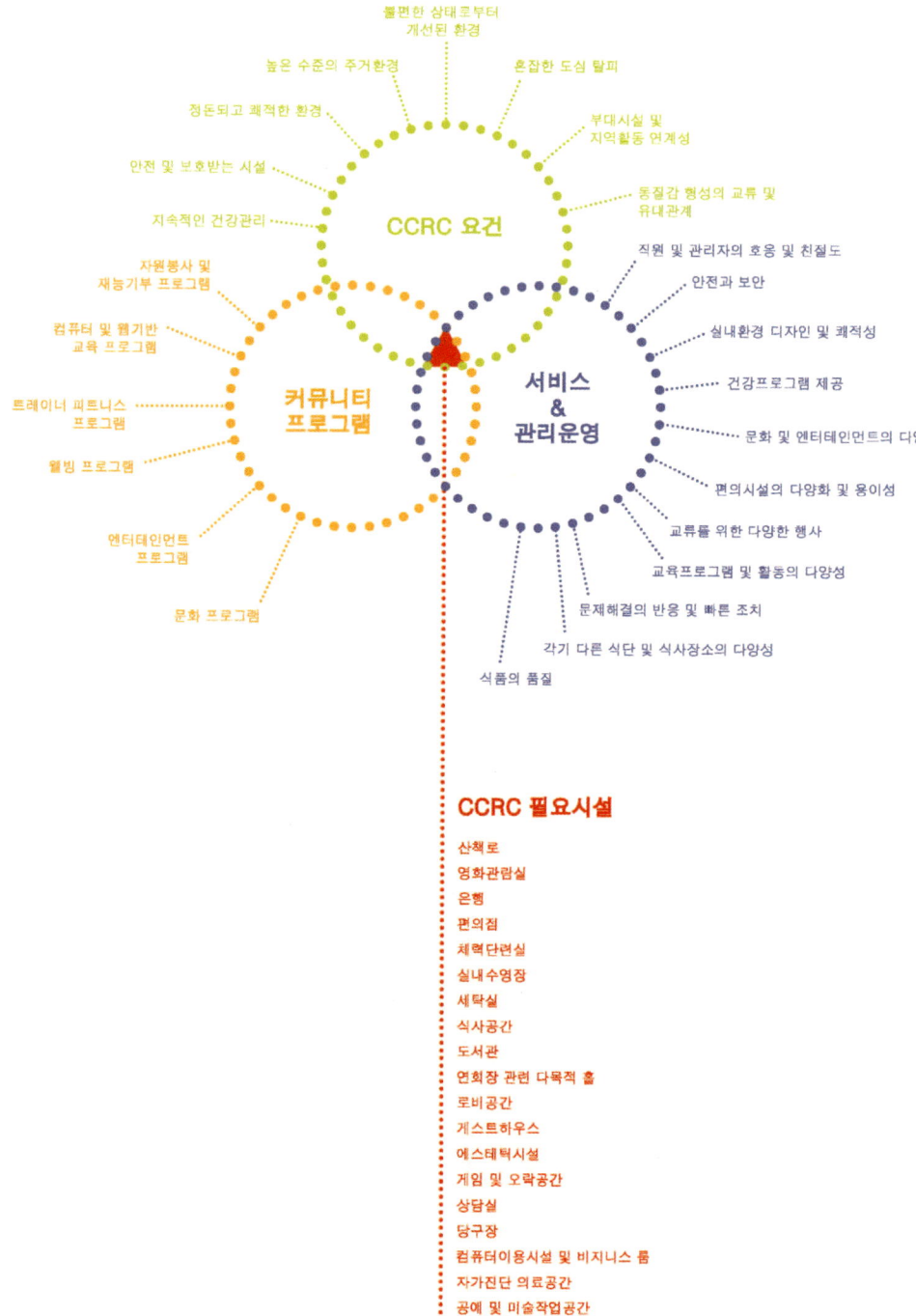

CCRC 요건

불편한 상태로부터
개선된 환경

높은 수준의 주거환경

혼잡한 도심 탈피

정돈되고 쾌적한 환경

부대시설 및
지역활동 연계성

안전 및 보호받는 시설

지속적인 건강관리

동질감 형성의 교류 및
유대관계

자원봉사 및
재능기부 프로그램

직원 및 관리자의 호응 및 친절도

컴퓨터 및 웹기반
교육 프로그램

안전과 보안

실내환경 디자인 및 쾌적성

커뮤니티
프로그램

서비스
&
관리운영

트레이너 피트니스
프로그램

건강프로그램 제공

문화 및 엔터테인먼트의 다양성

웰빙 프로그램

편의시설의 다양화 및 용이성

엔터테인먼트
프로그램

교류를 위한 다양한 행사

교육프로그램 및 활동의 다양성

문화 프로그램

문제해결의 반응 및 빠른 조치

각기 다른 식단 및 식사장소의 다양성

식품의 품질

CCRC 필요시설

산책로
영화관람실
은행
편의점
체력단련실
실내수영장
세탁실
식사공간
도서관
연회장 관련 다목적 홀
로비공간
게스트하우스
에스테틱시설
게임 및 오락공간
상담실
당구장
컴퓨터이용시설 및 비지니스 룸
자가진단 의료공간
공예 및 미술작업공간
여행사

위의 [그림 1]의 'CCRC의 기본체계도 KEY MAP'은 이러한 내용을 축약하여 CCRC의 구성을 위한 열쇠 역할 같은 정리본을 제시한 것이다. 싹이 피어 가지가 뻗고 열매가 아름답게 맺기까지 다듬고 가꾸는 정성이 필요하다. CCRC는 그러한 노력이 있어야 하기에 거주환경으로의 가치가 충분하다. 어느덧 주렁주렁 탐스럽게 익은 감을 바라보며 흐뭇하게 나누어 먹는 달콤한 정서로의 CCRC의 성장에는 '사람'이 있기 때문임을 잊지 않아야겠다.

5장 마무리

5장 마무리

　보다 '긍정적이고 가능한 한 건강함을 최대한 유지하며 가치 있는 노년기를 위하여 어떠한 환경구축이 가장 필요할까'로 시작된 실태조사 연구는 방향을 설정하기에 좋은 결과를 가져왔다. 일반적으로 노년기에 '늘어난 여가시간을 잘 활용하도록', '노화에 따른 불편한 신체를 위한 보조도구 및 시설의 구축', '안정감을 위한 조경시설과 밝은 분위기' 등의 보편적인 문제점과 이에 따른 시설물 부착 또는 환경의 재구성등의 물리적 요소의 일시적인 효과 제시가 대부분 논하고 있는 실정에 좀 더 실질적인 콘텐츠가 기반을 이루어야 함을 증명할 수 있었다. 또한 차기연구에 관한 설정을 확실시하며 문제점을 발견함과 동시에 필요연구의 방향성을 충분히 검토할 수 있었다. 가장 중요한 발견 중 한 가지는 지각적 충족이 이루어질 수 있는 요건이 근본적으로 갖추어졌을 때 만족도가 높았으며 이와 공간의 환경적 조건이 동시에 균형을 이루는 현상에 가장 최상의 만족도가 이루어짐을 확인할 수 있었다.

　설문을 이루면서 더 많은 질문들을 생략했던 점이 아쉬움으로 남겨지지만 여러 항목들은 혼란을 가져오며 집중이 어려워 시니어들의 답변이 가능한 범위에서 직접적으로 느끼는 내용 중심으로 재구성하여 진행하였다. 가장 만족도가 높은 항목과 요구되는 항목에서 공통점은 CCRC의 '관리자'와 '거주자'의 관계성임을 알 수 있다. 만족도에서 '직원 및 관리자의 호응 및 친절도'에서 이를 확인할 수 있었다. 이주가 이루어지는 것의 첫 번째 사항이 자신들의 의견에 관한 관철 정도에서 나타나는 것이 인터뷰상 반복적으로 나타났으며 심리적 신뢰와 안정감이 CCRC에서 생성되는 정도에 따라 만족도가 높았다. 이와 더불어 시니어인 특정대상에 맞춘 시스템을 중요하게 다루었다. '의료시설 및 전문성'의 유무가 CCRC를 선택하게 하는 큰 요소로 인터뷰에 참여한 모든 시니어의 동일한 의견이었다. 다음으로 그들을 움직이게 하는 '프로그램 및 서비스'가 다루어졌다. 무언가를 할 수 있도록 준비가 되어 있는 상태를 통해 노년기를 의미 있게 보낼 수 있는 가능성을 측정하고 있었다. 다음으로 활동이 이루어지는 범위의 '물리적 상태'였다. 시니어를 이해하고 배려한 환경 조성에서 존중받는 역할로 자신이 느껴질 수 있는 CCRC 구축을 지속적인 활동에서 필수요건으로 꼽았다. 아이러니하게도 입주 시에 고려사항은 시설적인 측면이 그들의 시선을 압도하고 있었으나 거주가 이루어지면서 다른 판단이 이루어짐을 알 수 있었다.

따라서 디자인을 전문으로 하는 입장에서 절실히 느낀 점은, CCRC '관리자'에 의한 운영체제의 명확한 방향성을 이해한 물리적 환경 구축론의 전문 디자이너와의 충분한 검토이다. 이를 통한 CCRC가 이루어져 향후 대입되는 프로그램과 서비스가 지속적으로 대입될 수 있는 융통성을 내포한 환경을 조성하도록 하여야 한다.

다시 말하면, 개인적인 주거영역과 연계된 다양한 사회적 활동이 이루어지는 공용공간의 환경구축을 위하여 디자이너의 역할이 중요하다는 것이다. 지속적인 활동성을 가진 살아 있는 공용공간이 시니어들에게 건강한 삶을 유지하며 즐거움을 가질 수 있는 CCRC의 핵심사항이라 여겨진다.

이와 같은 내용을 [그림 2]와 같이 정리하여 볼 수 있다.

몇 년간 CCRC를 수차례 방문하여 새벽부터 밤까지 시니어의 활동을 살펴

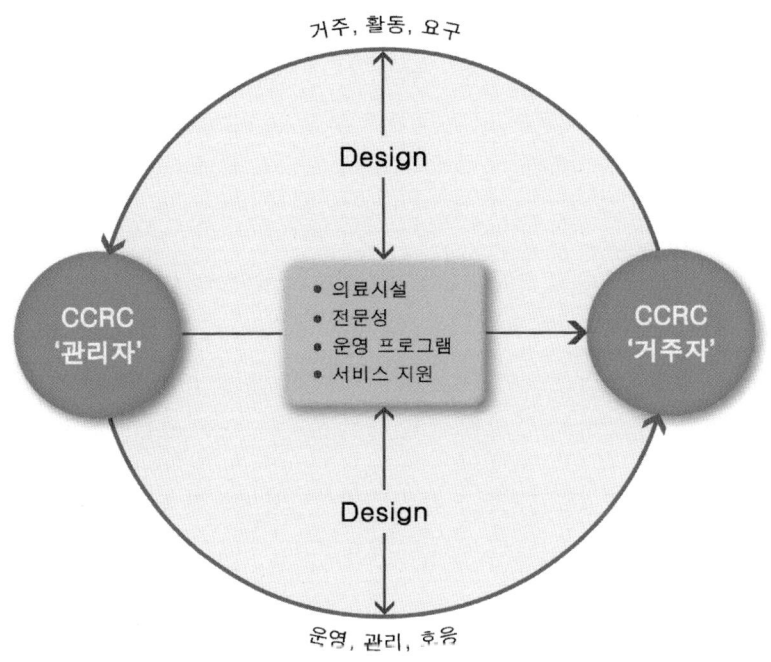

[그림 2] CCRC 공용공간
환경조성을 위한 관계

거주, 활동, 요구

Design

- 의료시설
- 전문성
- 운영 프로그램
- 서비스 지원

CCRC
'관리자'

CCRC
'거주자'

Design

운영, 관리, 호응

보고 그들의 대화에 참여하면서 공감대를 느끼는 것이 연구를 위하여 중요한
작업의 일부였다. 직접 시니어가 되어 볼 수는 없지만 그들을 최대한 이해하
도록 하여야 연구가 진행 가능하였기 때문이다. 향후 전반적인 사회의 움직
임은 세대 간 개별적인 영역구분이 아닌 통합적인 교류로부터 향상된 문화가
가능해진다. 이루어 가는 진행형인 세대와 축적된 경험이 종합적으로 이루어
진 세대와의 어울림은 긍정적인 미래를 조망할 수 있다. 사람은 누구나 나이
가 들어가고 언젠가 시니어가 되어 죽음에 이르는 일련의 라이프사이클을 이
루게 된다. 젊은 세대들의 왕성한 에너지, 다양한 시도 및 변화 추구와 다르
게 시니어는 자신의 확고한 생각을 구축한 시기이다. 다듬어지고 오랜시간 익
숙해진 패턴을 유지하게 되며 동질성을 교류하며 편안한 관계성을 지향한다.
    참신한 새로움에 작은 기쁨을 가진다. 동기 부여가 확실한 활동으로 인식
되어야 참여가 가능하며 결과가 좋으면 활력을 얻어 즐거움을 발견한다. 점

차적으로 고령화가 되어 가는 사회를 문제로 보는 시각으로부터 발전적 시각으로의 전환이 필요하다. 시니어의 정체성을 '병들고 쇠약한 늙은(old)'의 개념으로부터 '많은 경험과 오랜 경력을 갖춘 상급자'의 의미로의 인식이 이루어져야 할 것이다.

'어디서 어떻게 살까?'는 우리 모두에게 중요한 질문이 될 것이다. 환경에 의한 삶의 영향과 생활의 움직임을 이루게 하기 때문이다. 현대사회에서 의식주의 해결은 주거영역에서 기본사항이며 심미성을 내포하고 다양한 보조시설을 갖추어 현대인의 특성을 반영한 콘텐츠가 요구되고 있다. 특히 수십 년간 활발히 활동했던 시기로부터 은퇴시점을 맞이하면서 수고한 시니어들에게 편안한 안식처는 더욱 중요한 장소가 된다. '은퇴하고 어디서 어떻게 살까?'에 관한 실마리를 찾아 길잡이 역할을 위한 기초작업을 다루면서 CCRC는 중요한 역할을 하는 콘텐츠를 지니고 있음을 재확인할 수 있었다. 더불어 CCRC의 체계는 시니어 세대뿐 아니라 현 시대 공동체가 이루어지는 주거영역에도 근본적인 구성을 다루기에 충분한 예제가 될 것이다.

앞으로 기초연구가 될 수 있는 현 실태조사를 토대로 활동 전반에 이르는 환경의 레이어를 조사하여 실제적인 구성안을 계획하고있다. 고령화시대에 적합한 복합주거단지를 제안하고 더 나아가 문화의 흐름에 대응하고 다양한 각 계층의 시니어들을 위한 공용시설의 환경개선에 관하여 지속적으로 연구를 이루고자 한다.

Reference

단행본

신동관, 『지속적인 시니어리빙을 위한 공간지침』, 한국학술정보(주), 2011.

신동관, 『타운하우스의 공용공간 공간구성 요소 연구』, 한국공간디자인학회 가을학술대회, 2007.

차학봉, 『일본에서 배우는 고령화시대의 국토 · 주택정책』, 삼성경제연구소, 2006.

홍사황, 『3억으로 돈 걱정 없는 노후 30년』, 위즈덤하우스, 2011.

NC State University, The Center for Universal Design. *The Universal Design File: Designing for People of All Ages and Abilities*, 1998.

신문기사

노년시대신문, 「예비노년층, '노인'보다 '시니어' 선호」, 2011.06.10.

매일경제, 「한국 실버산업은 아직도 걸음마」, 2011.08.25

시사서울, 「노인 위한 나라 없다지만… "한국의 노인, 빈곤 벗어나는 유일한 방법은 죽음?"」, 2011.05.06.

조선일보, 「[100세 쇼크 축복인가 재앙인가] '16만 시간(60세 은퇴 후 100세까지 여가시간)'을 TV만 봐선 행복할 수 없다」, 2011.01.21.

조선일보, 「[100세 쇼크 축복인가 재앙인가] 요양 · 재활 · 오락… 노인을 위한 기능 다 모았다」, 2011.02.06.

조선일보, 「[100세 쇼크 축복인가 재앙인가] 일본 도심형 요양시설 '잇큐안' 가보니… 주택가 한복판에 자리… 동네 사람들 '북적북적'」, 2011.01.13.

조선일보, 「[서울] 27년 뒤 서울, 청장년(15~64세) 2명이 노인 1명 부양해」, 2012.09.06.

조선일보, 「[서울] 서울 노인인구 100만(2010년 말 기준)… 고령자친화 도시 만든다」, 2012.05.07.

조선일보, 「[행복한 은퇴설계] 우리에게 적합한 은퇴설계란」, 2011.03.14.

조선일보, 「[트렌드 | 신(新)노년시대] NO 老! 생산적이고 성공적인 노년 어떻게 준비 할 것인가」, 2008.07.07.

조선일보, 「[M인사이드] 실버타운 고를 때 어떤 점이 중요할까?」, 2011.10.14.

조선일보, 「[M피플] 존 미글리아치오… 메트라이프 MMI연구소 디렉터」, 2011.03.25.

조선일보, 「71년생(올해만 40세) 돼지띠 남성들 절반이 94세 이상 산다'」, 2011.01.03.

조선일보, 「"어떡하면 가치 있게 나이 드느냐고요?"」, 2010.09.08.

조선일보, 「노후 생활 포트폴리오(1) 적극적인 삶의 방법」, 2011.01.05.

조선일보, 「시·군·구 3곳 중 1곳, 노인 20% 넘는 초고령화사회 됐다」, 2011.05.31.

조선일보, 「은퇴는 인생의 바캉스가 아니다」, 2012.08.29.

조선일보, 「폐망가지고 뇌종양… 쉼 없이 일하고 걷고 小食하니 '팔팔한 98세'」, 2011.01.06.

조선일보, 「한국 치매노인 4년 새 27% 급증… 10년 후 100만 명 넘는다」, 2012.07.30.

한국경제, 「[100세 시대 마스터플랜] '준비된 노후'는 축복」, 2011.10.12.

한국경제, 「[우재룡의 준비된 은퇴] 공동체 생활에 간호·간병 갖춰야 노후설계 완료」, 2011.10.16

한국경제, 「100세 시대 '길어진 노년' 대비하려면」, 2011.12.08.

한국경제, 「노인 10명 중 8명 "70세 넘어야 노인"」, 2012.06.21.

한국경제, 「노후준비의 경제학-늙는 것에 대한 종합대비(2030년)」, 2011.11.23.

한국경제, 「동탄2신도시, 주거 품격 높이는 '특별계획구역'」, 2012.06.04.

EBS뉴스, 「노인… "자녀와 따로 살고 싶어"」, 2011.05.06.

Epilogue

집, 삶의 터전임은 변함없는 명제이다. 인간(人間)에서 보듯 '간(間)'은 관계를 나타내기도 하고 한 대상에서 다른 대상 간의 사이를 일컫는다. 인간은 이러한 관계를 지칭하는 단어라고 생각한다. 또한 사람이 살아가는 기간(人生) 동안 인간과의 관계에서 삶이 이루어지는 인생이 아닌가 싶다. 우리는 인간으로 시작하고 인간으로 마무리한다. 서로 간의 관계 속에서 사람다운 생활이 가능한 인간이기에 우리가 지내는 환경은 무척 중요한 장소이다. 본인은 주 생활공간인 정주지는 아침부터 저녁까지 숨을 쉬고, 움직이고, 누군가를 만나고, 경치를 바라보고, 온도를 느끼고, 하루하루 성장하면서 흐르는 시간에 자신의 생각과 경험을 묻는 장소라고 생각한다. 어딘가 갔다가 자연스럽게 찾는 편안한 곳이다. 추억이 만들어지기도 하는 생활공간에 관한 많은 고민을 하며 수년 전부터 본격적으로 다양한 생활을 관찰하고 사람의 심리를 조사하며 꾸준히 디자인 교육과 작업을 진행하고 있다.

우리의 노후는 누구에게나 오는 자연스러운 현상이다. 현재의 노후는 단순히 늙은 의미로 받아들여지지 않는다. 오히려 걸러지고 차곡차곡 쌓인 성숙함이 갖추어진 어른이라고 여겨진다. 현 시니어의 젊은 시절 생활은 이웃과의 따뜻함과 교류보다는, 바쁜업무와 도시생활로부터 개인화되어 가는 단절 현상에 은퇴 이후 외롭고 쓸쓸함이 시작되는 시점으로 여기게 된다. 그러다 보니 결국 사람을 찾게 되고 온기를 나누는 친밀한 교류가 더하여지기를 바라고 있다.

삼성경제연구소(SERI)의 '뉴시니어 세대의 3대 키워드'를 '젊음', '향수', '자아'로 요약하였다. 실제 나이보다 젊은 뉴시니어는 현 시니어보다 젊은 감각을 유지하고 싶어하며 자아실현을 중시하고 있는 경향이 나타나고 있다. 또한 지난 세월이 현재의 문화를 이끌어 왔음에 따른 끊임없이 사회의 일원으로 참여하고 싶어하는 활동적 상태를 유지하고자 한다. 약해진 신체와 기억력 감퇴 등의 노화현상만으로 시니어를 바라보는 시대가 아니다. 다양한 문화를 경험하고 사회적 교류를 이어오면서 은퇴 시점부터는 인생가치를 더하는 갈구와 여유를 찾으려 하는 세대이다. 자신을 추스리는 단계로, 오히려 부지런히 살아온 것으로부터 안정적인 삶으로 건강하며 편안한 시기를 보낼 수 있도록 시니어의 심리와 문화적 대응에 대하여 계속 연구하고 삶의 질을 높이도록 보탬을 제공해야 한다고 생각한다. 앞으로 실질적인 연구와 사람을 고려한 디자인을 지속적으로 다듬어 가며 놓쳤던 내용 보충 및 추가조사를 이루어 구체적인 방법과 디자인 제시를 정리할 계획이다.

본 연구를 위하여 연구지원의 아낌없는 후원을 해 주신 '늘 푸른 의료재단'의 '박성민 이사장'님께 깊은 감사를 드린다. 또한 적극적인 협조로 도와주신 '삼성 노블카운티'의 '김진곤 실장님'과 '이상훈 과장님'께 진심으로 감사드린다. 이외 바쁘신 가운데 도움 주신 '더헤리티지'와 '삼성 노블카운티'의 직원분들께 감사함을 전한다. 더불어 시간 내주시며 설문지 작성과 인터뷰에 응하여주신 모든 거주 시니어분들께 감사의 마음을 전한다. 아울러 동해스틸텍(주)의 적극적인 지원으로 본 연구의 마무리가 될 수 있었음에 감사드린다. 무엇보다 이 책이 출판되기까지 애써 주신 이담Books-한국학술정보(주)에 깊은 감사를 드린다.

이번 연구내용을 글로 정리하면서 설문과 인터뷰를 통해 전달된 어르신들의 이야기가 계속 맴돌고 있어 본인에게 더욱 책임감을 부여해 준 것 같다. 개인적으로 연구의 가치를 깊이 느끼게 하였다.

충분히 자신의 가치를 다듬어 가고 존중받는 시니어로서, 웃음 나는 이야기를 담아 가는 한국형 마을의 CCRC로 발전되기를 바라면서….

2013년 3월
신동관 배상

신 동 관

상명대학교 일반대학원 조형예술디자인 미술학 박사
Chelsea College of Art and Design MA Interior & Spatial Design 예술학 석사 졸업
건국대학교 건축전문대학원 실내건축설계학과 건축학 석사 졸업
상명대학교 디자인대학 실내디자인학과 예술학 학사 졸업
CHA(Certified Hotel Administrator) 취득(American Hotel & Lodging Educational Institute 주관)
KOSID(한국실내건축가협회) IFI 우수상 수상
한국인테리어대전 특선 수상
제1회 개인전 The Portrait Between The Relationship(두산 아트스퀘어, 2010)
제2회 개인전 The patten of "oneday afternoon"(서울시 강남트렌드센터, 2012)
서울패션위크 2010 F/W 곽현주 런웨이 무대공간 연출
더헤리티지(The Heritage) CCRC 인테리어 설계
서울대학교 대학원 교육연구동 신축공사 인테리어 부문 설계
도곡동 타워팰리스 3차 실시 설계
한국실내건축가협회 신인 디자이너상(sponsored by KOSID)
현) 동해스틸텍(주) 디자인사업부 TYCHE(타이키) 공간디자인연구소 소장
    상명대학교 디자인대학 실내디자인학과 외래강사
    (사)한국실내디자인학회[KIID] 생태환경위원회 위원장 & 저널편집위원회 위원
    (사)한국공간디자인학회[KISD] 정회원
    (사)노년학회 정회원
    (사)한국색채학회 정회원

「창의적 업무지원을 위한 공용공간 활성화 현황조사에 관한 연구」
「시니어공동주거시설의 공용공간 특성에 관한 연구」
「실내공간디자인 구조는 건축의 관점과 달라야 한다」
「지속적인 시니어리빙을 위한 공간지침」
「이미지 스케일에 따른 트렌드 중심의 실내디자인 표현어휘 연구」
「실내디자인 이미지 유형의 특성에 따른 표현어휘 연구」
「시니어 공동주거 단지 내에 공용공간 설계 개념에 관한 연구」
「21C 신 주거스타일 변화 및 APT 실내디자인 트렌드에 대한 연구」
「GUI 활용을 통한 공공간의 상호작용」
「Culture as Repetition」
「'간(間)' 개념에 의한 亭子空間의 연구」

은퇴하고 어디서 어떻게 살까?

지속적인 삶을 위한 주거환경 CCRC
Continuing Care Retirement Community

제작정보

Writer by 신 동 관

Assist by 손 지 민

연구지원

더헤리티지
www.theheritage.co.kr

삼성 노블카운티
www.samsungnc.com

은퇴하고 어디서
어떻게 살까?

초판인쇄	2013년 4월 30일
초판발행	2013년 4월 30일

지은이	신동관
펴낸이	채종준
펴낸곳	한국학술정보(주)
주 소	경기도 파주시 문발동 파주출판문화정보산업단지 513-5
전 화	031) 908-3181(대표)
팩 스	031) 908-3189
홈페이지	http://ebook.kstudy.com
E-mail	출판사업부 publish@kstudy.com
등 록	제일산-115호(2000.6.19)

ISBN	978-89-268-4242-3 13330 (Paper Book)
	978-89-268-4243-0 15330 (e-Book)

이담 *Books* 는 한국학술정보(주)의 지식실용서 브랜드입니다.